1億稼ぐ営業の強化書

ファーストヴィレッジ株式会社
代表取締役社長
市村洋文

プレジデント社

はじめに

営業はお客様から嫌がられる仕事ではない

もし、あなたの身内や家族が何か困っていたら、あなたはすぐさま駆けつけて、自分の体、お金、ネットワークなどを使い、どうにか解決してあげるでしょう。

実は、このことと「営業」はつながっているのです。

なぜならば、「営業」とは、『自分のターゲットのお客様が抱えている悩みを、自分の持っている商材やサービス、人的ネットワークで〝問題解決〟して差し上げること』だからです。それは今や、「ソリューションビジネス」ともいわれていますが、『相手のためにいかに役立つ人間になれるか』ということなのです。

「営業」を「販売」だと勘違いしている人がいますが、まったく違います。

「営業は無理にモノを売るからヤダ」とか、「お客様から嫌がられる仕事だからヤダ」とか、そんな側面ばかりを見ていますが、営業は売り込む必要はありません。「買ってください」ではなく、お客様と一緒に悩み抜くのが仕事です。

できる限り、たくさんのお客様に会い、お客様が求めていることを知り、そしてその悩みに役立つことです。

たとえるなら、営業は〝バッター4番〟、会社の大黒柱と言ってもいいでしょう。とてもレベルの高い仕事をやっているのだから、プライドを持って欲しいですね。

営業で苦労したことで、人生でマイナスなことなんて一つもありません。その経験は人生においてプラスになるだけなんです。営業外交の中にこそ自分の人格を磨き上げる機会があると言い切れます。

私は大学を卒業して当時、日本一厳しいといわれた野村證券に入社しました。そして新人時代は、地縁もゆかりもない仙台支店で1日200件の飛び込み営業と40枚の名刺をいただくために必死に駆けずりまわること1年。その年、月に10億円の売り上げで全国の新人営業のトップになりました。

4年後には新宿野村ビル支店に異動となり、1ヵ月で6億円の手数料を叩き出すという前人未到の記録を出し、野村證券史上不滅の金字塔を打ち立てました。野村の営業マンが平均月150万円の手数料だったとき、一人で6億円ですから、約400倍の超人的な生産性を上げていたのです。

その実績を買われて、今度は本社の営業企画部に異動し、

「市村のようなセールスマンを2万人つくれ」

と上層部から命令され、全国の野村の営業マンを指導する立場になりました。セールスのマニュアルを体系的に作り、全国132支店を指導してまわること4年。

再生させた代表的な店舗は大宮西口支店と大森支店。

万年、売り上げが予算の半分にも満たなかった大宮西口支店は、破竹の勢いで4ヵ月で全国トップに。最年少で支店長になった大森支店では、全国でビリから2番目だったのを1年後にトップにのし上げました。

そのような実績を買われ、今度は39歳のとき、KOBE証券（現インヴァスト証券）に専務としてヘッドハンティングされ、すぐに社長になりました。

そして48歳のとき、満を持して独立。ビジネスとビジネスをマッチングさせる本

業支援や、上場したいという企業をサポートするコンサルティング企業『ファーストヴィレッジ』を設立。8期連続黒字の優良企業に成長させています。

瞬間的な「伝説の営業マン」はたくさんいます。ところが、長期にわたって、高次元の収益を維持することができるのはなぜか？　あなたが知りたいのはそこですよね？

長期的に高い位置で数字を上げていくのは、お客様と長期的な信頼関係を築いているかどうかにかかってきます。すべて、お客様に喜んでもらった結果の収益です。たくさんのお客様に会い、お客様が求めていることを知り、そして「問題解決」をした結果です。私はそういった信頼関係をお客様と築いていることに、えも言われぬ喜びを感じます。

「当たり前のことができているか？」という凡事徹底をはじめ、お客様との長期的な信頼関係をつくるためのノウハウを構築していき、野村時代に営業企画部を率いて会社に浸透させ、体系化しました。体系化したものは、いまだに私自身が実行しています。一つひとつは難しいことではありませんが、継続するのは至難の業。多くの人は途中で面倒くさくて嫌になってしまう。だから成功しないのです。ですが、逆に愚直に継続しさえすれば必ず結果が出ます。

これからの話は机上の空論ではなく、すべて私が野村で経験し成功してきたことがベースです。

本書は、それを【準備編】【実践編】【アフターケア&接待編】【マネジメント編】【ラックマネジメント編】にわかりやすくまとめました。

会社員として、与えられた環境の下、いかに人々の期待を超え、求められる以上の結果を出し続けられるか？　また、結果が出なくて困っている営業マン、もっと業績を上げたい営業職のリーダー、事業責任者の皆様にも「なぜ、高い次元で結果が出せるのか？」、その答えを本書から見つけ出していただきたいと思います。

目次

第二章【実践編】なぜ会ってすぐ10億の契約が取れるのか？

第三章【アフターケア＆接待編】

1億の契約が取れる「究極のおもてなし」……119

第四章【マネジメント編】

どうやって最下位支店を日本一にのし上げたのか …… 143

第一章【準備編】

ビリ支店のビリ新人を全社トップにした小さな習慣

アポが1ヵ月先まで入っていれば3ヵ月後成果あり

野村證券時代、営業企画部にいた私は、後に37歳という最年少の支店長として総勢120名の大森支店に異動しました。当時、成績が132支店中ビリから2番目という店です。

本社命令により、

「市村は一人で月に6億の手数料を稼げるのだから、おまえが行けばなんとかなるだろう。それでもダメだったら蒲田支店と統合だ」

と言われ、単身乗り込んだわけです。

大森支店の中には、一人の新人がいました。本田君といいます。私が着任したのは6月でしたが、しょぼくれているのが目に留まってしょうがない。4月に入社した新人なのだから、もっとはつらつとしていてもおかしくないはずだ。どうしたのかと聞いたら4月に入社するも、ずっとビリだと。それもそのはず、先輩は皆、忙しいので彼の相手をする暇もなく、2ヵ月間放りっぱなしにされていたというではないか。

私は彼に、

「本田、同期でトップになりたいか？」

「はい、なりたいです！」

「おまえ、なれるぞ。そのためにはちょっとキツイけど俺の言った通りにやれるか？」

「はい、やります！」

そこで、私が新人だった仙台支店のときに使っていた『ペンディングノート』（20ページ参照）を彼に見せました。『ペンディングノート』は、いわゆる営業マンだったら皆つけているだろう営業ノートのことで、誰に見せるでもなく自分がお客様のことを管理していくツールです。ただ、私のそれは少し違う。

ノートの左側にはアポイント先の企業データが書かれ、右側は「日付」「電話した」「外交した」「手紙を書いた」「お客様と話したこと」などが鮮明に書かれています。

このノートに名前が出ている会社は、自分がアポイントを取った会社です。

次回のアポの電話をする前に、その会社のことを会社四季報や、帝国データバンクなどで調べて左ページにコピーを貼っておく。なのでその会社のことは一目瞭然。私の新人時代のノートを見ると、お客様に20回、30回電話しているのは当たり前。50回で約定したなんていうケースもあり、そこには赤い印が旗めいています。

「ノートにこうやって、お客様に会ったときから〝いつ営業して〟〝いつ電話した〟などを一つも漏らさず全部書いておく」

と言うと、ギョッとした様相の本田君でしたが、もう後にも先にも引けないことがわかったのか、グイと唇をかみしめるのでした。

私は続いて、

「このノートに、お客様の名前が増えていくように、**毎日200通ずつ新規開拓のお客様にDMを出すこと。週末には返信があった方20名に、筆ペンと巻紙で手紙を出すこと。1ヵ月先までアポイントでスケジュールを埋めること**」

を指示しました。

本田君は私の指示を忠実に守り、来る日も来る日も筆を走らせていました。それこそ、週末、彼女と出かけるバスや電車の中でも手紙を書きながら移動したといいます。

彼には私が示した富裕層のターゲットを中心に、そこだけを地図にプロットして飛び込みに行かせました。そして、**「社長に会えたら赤印、会えないときは薄いピンク色で印をつけ、赤い印がつくまで必ず電話でアポイントを取り、手紙を書け」**、と指示を出したのです。

私に言われた通り、彼はコツコツ営業にまわり続けました。それこそ、1ヵ所も漏らさずに、赤い印がつくまでアプローチを続け、『ペンディングノート』は、汗でボロボロになっていきました。愚直に新規DMも出し続けました。

本田君は大学時代まで野球一筋にやってきて、体育推薦で野村に入ってきた男。飛び抜けて優秀というわけではありませんが、習字を習っていたとのことで、達筆なのがよかった。

「いいね、字がうまいのは百難隠す。その調子。便箋に5枚書くなら、便箋ごとに社長の名前が出るように」

と、1枚に1回社長の名前を書くことで、相手に喜ばれることもアドバイスしました。

『ペンディングノート』に、「今日は○○社長と会えた」「手紙を書いた」とペースができてくると、もっと開拓したいなあとなってくるのが不思議です。

私の33年前の『ペンディングノート』の左側下を見ると、地図が書いてあります。今だったらスマートフォンですぐにＭＡＰを検索できますが、当時はホームページもない時代。妻が、私が営業するところの地図を1件1件手で描いてくれていました。何しろ、行く先を迷って、同じところをグルグルまわっていることほど、無駄な時間はありませんからね。

野村證券は入社したばかりの新人に1年間、1日２００件の飛び込み営業と40枚の名刺集めを課していました。今なら、なぜアレをやらせたのかわかります。

「今、アポイントが入っていれば3ヵ月後にはその成果が表れてくるから。今は数字が上がらなくても**アポイントさえ入っていれば3ヵ月先に営業が成約できて、数字になる可能性がある**から」

とにかくお客様と接触し、アポイントを入れることが大切なのです。

DMを出すことや手紙を書く目的も、ひとえにお客様との接触頻度を上げることにあります。お客様との接触頻度を上げることに専念した結果、

●新規開拓の腕が磨かれていく。
●新規開拓したお客様から、次のお客様を紹介されるようになる。
●自分ならではの営業基盤を厚くすることができる。

このように営業に好循環が巡るようになります。

ついに、新人本田君は1年で同期トップを取りました。そして大森支店では、組織全体の改革も進め、私が着任前800億円の預かり資産だったものを1年間で4800億円まで伸ばし、ビリ支店からトップにのし上げました。

数字に直結する「ペンディングノート」はこう書く！

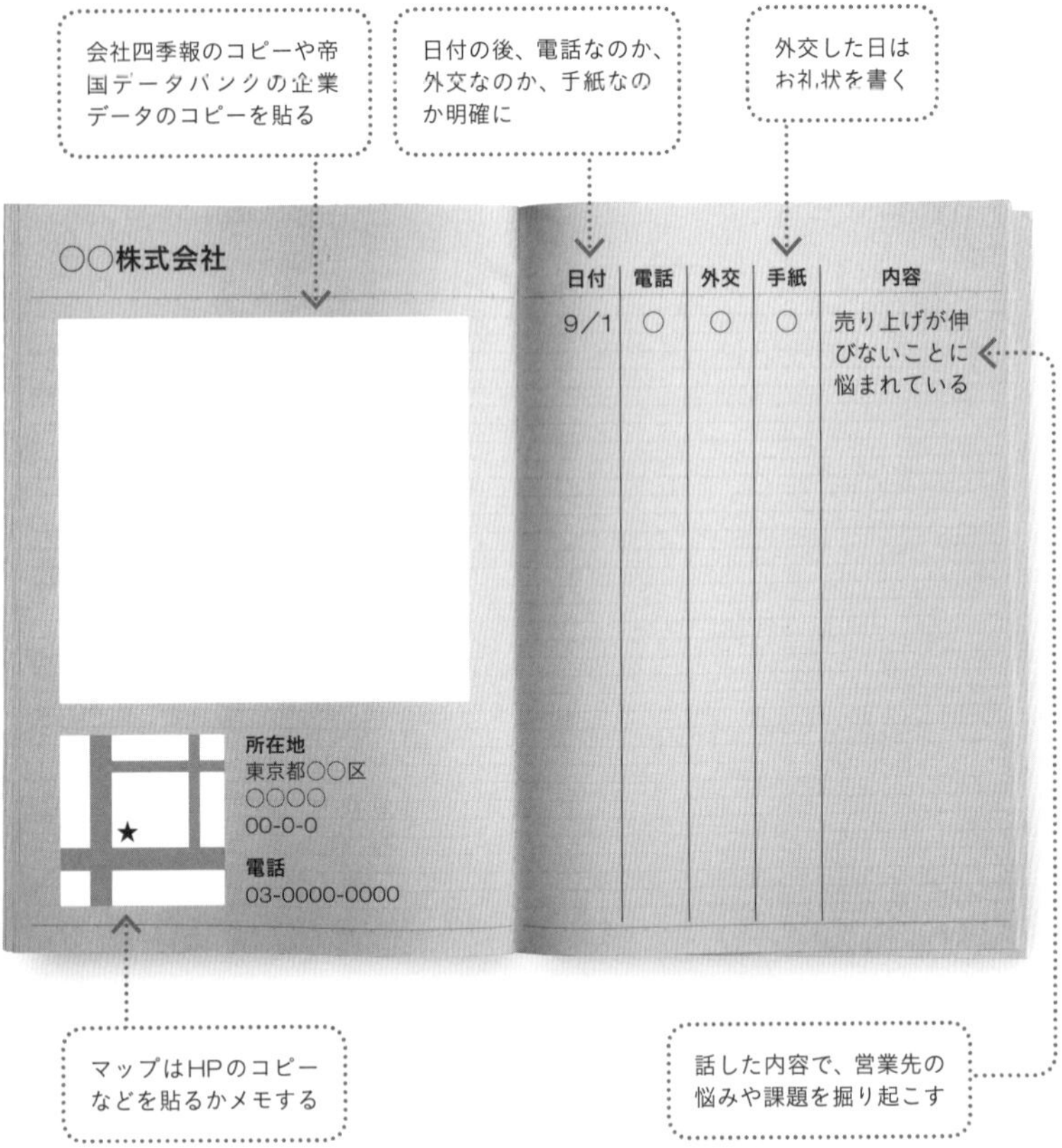

『200件飛び込み40枚名刺集め』が教えること

アポイントを1ヵ月先まで入れるには見込みのお客様をどれだけ取れるかです。そのためにも、飛び込みと、アンケートやDMのポスティングが必須。本田君には私が飛び込み先をプロットしてあげましたが、私が新人の頃はそんなことをしてくれる上司は一人もいませんでした。

私のときはといえば、

「自分の名刺を配って、相手の名刺を40枚集めて来い」

新人として、指定された場所の飛び込みをし、「名刺をいただく」という営業マン生活のスタートです。

1日200件くらいまわらないと40枚の名刺は集まりません。

証券会社に対する風当たりの厳しさ、証券界に対する理解のなさを新人ながらに痛感しました。200件飛び込みをしても、名刺をくださる人は本当に少ないのです。

中にはお茶をひっかけられたり、帰れと言われたり、目の前で名刺を破られたこともありました。

「野村證券の社員がうちの会社に入れるわけないだろう。おまえは何もわからないで来たのか」

と怒られたこともたびたびありました。そんな中を、

「すみません、新入社員ですから」

と、1件1件、営業をしました。

このような毎日を送る中で、私が当時の飛び込み営業で心掛けていたことがあります。

『帰り道も飛び込み営業で同期には絶対負けない』

新人は名刺を1日に40枚集めるのですが、たとえば同期の集めた名刺が43枚、私が41枚しか集められなかったとしたら、2枚負けています。

そのようなときは、仙台支店から寮まで大体歩いて30分くらいかかるのですが、**バスに乗って帰らずに、飛び込みをしながら帰り、同期よりたくさんの名刺をいただいてから帰りました。**これは今ある私の原点だと思います。

この差は結果的に大きなものになり、帰り道に名刺をいただいていたところから新規のお客様が出たこともよくありました。

指定されたエリアを手当たり次第飛び込みをすることで、土地勘も出てきます。飛び込んだ先とコミュニケーションが増えてくると、どこにどんな人が住んでいるのかがわかってきます。

名刺集めを1件でも多くこなすことによって、ターゲットが見えてくるのです。「仙台で一番稼いでいる企業、仙台で一番税金を納めている人から順番に営業をしていけばいいのだ」という答えにたどりつくのです。

名刺をいただく中で洞察力も磨いていくことができます。

たとえば、社長室のカレンダーを見れば、その会社の取引先や金融機関が一目瞭然です。**その会社の中の情報を一つでも多くキャッチするのも現場だからできることです。**飛び込みは『足』で稼いでいるのではなく、実は『頭』で稼ぐことが求められているのです。

結果、だんだんアポ打率が上がっていったのは言うまでもありません。

訪問しても不在だったときの『フォーユーレター』

新人営業マンは、飛び込みをしてもなかなか名刺交換やアポイントまでたどりつけないことも多いでしょう。

私も新人のときは、とにかく数を当たりましたが、**飛び込みをして不在だったお客様をそのままにはしませんでした。**そのお客様も見込みのお客様の一人。住所と名前をメモして、会社に戻って手紙と一緒にDMを送ります。

たとえば、手紙はこうしたためます。

『前略ごめんくださいませ

私は野村證券仙台支店の市村でございます。

さて、私ども野村證券ではこの度、○○様のために有利な資産運用メニューをご用意いたしました。

そのご案内におうかがいしましたが、お留守のご様子でお目にかかれず大変残

念に存じます。

再度お目にかかって詳しくご説明申し上げたく存じます。

後日、あらためてご連絡させていただきますので、その節はどうぞ宜しくお願いいたします。

草々』

このように、**不在だったお客様にDMをお送りすれば、名刺交換ができた方とスタートラインは同じで、『見込みのお客様』になる**のです。

また、個人宅に飛び込む際によくあることですが、ご主人がいない場合も、『奥様にお話を聞いていただき、ありがとうございます。近日中にご主人様にご連絡申し上げます』ということを手紙にしてお送りします。

大切なことは、飛び込みをして不在でもそのままにしないということです。お客様と名刺交換ができたらなるべく早めにアポイントの依頼をし、お客様が不在であってもその住所と名前を頼りに手紙とDMをお送りすること。飛び込みはそうやってくまなく見込み客を取って初めて意味を持ってくるのです。

ターゲットを絞る『絨毯《じゅうたん》爆撃飛び込み』で成約率をアップ

飛び込みもある程度数をこなしたら、やみくもにまわるのではなく、ターゲットを絞ってアポイントを入れていくことにシフトしていきましょう。

初めの頃はアポイントが取れたとしても、その中で成約まで結びつくのは何件か。私の野村での体験からいくと、**20件のアポが取れてそのうち成約が2件でした。その後、その2件の属性（年齢、性別、業界、地位、所得、家族構成）を徹底的に分析します。そして、今度はその属性に近い集団にアタックしていく**ことで少しずつ打率は上がっていきました。

そんな『ターゲットの絞り込み』が奏功していった、私の営業の原点にもなるエピソードがあります。

私が野村證券営業企画部で全国の野村の営業マンを指導しているとき、幹部会議に出席したのです。

会議では、経営戦略を専門に行うコンサルティングファーム『M』が、野村證券の顧客を1年かけて分析したという説明をしていました。

そこでわかったことは、口座の上位数%のお客様が野村の収益の大部分をまかなっているということ。(30ページ上図参照)であれば、「その上位の属性を調べていけばいいのだ」、と『M』のブレーン集団。

さらに、このデータを出して、

「大多数のお客様を捨てて上位のお客様だけを深掘すべき。これが一番ROE(株主資本利益率)がいい経営になります」と言ったのです。

すわ、斬新な発想に驚きを隠せない野村の企画マンたち。その提案に対して、当時の野村證券の会長はこう言い渡しました。

「いい話を聞きましたが、野村は北は北海道から南は那覇支店まで一人ひとりの株主に支えられている。日本に土着化した証券会社であらねばならない」

さて、私は末席でこの会議に参加しながら、

「なるほど。この上位数%は、どんなお客様なのかな?」と思ったわけです。

その重要な上位数%の属性を調べてみたら、「4000万円以上の経常利益を出している中堅企業、または、1000万円以上の税金を納めている人」、ということがわかったのです。

野村證券の全社的なデータがわかっているのなら、そこにターゲットをさらに絞ってみるのも手だなと考えた私は、ためしに、大宮西口支店の担当エリアで上位数%の属性の人がどれくらいいるかを調べました。すると93%は野村のお客様ではないことがわかりました。ということは、93%開拓する余地があるということではないか。

大森支店長のときも同じように調べてみました。すると、大田区の山王が圧倒的に高額納税者が多い。

そこで、前述した大森支店の新人本田君には、徹底的にそのエリアの高額納税者にターゲットを絞り、『絨毯爆撃飛び込み』をするよう指示したのです。（30ページ下図参照）

これは、限定された狭いターゲットに対して継続性をもって繰り返し繰り返し当たっていくやり方です。すると、**きちんと分析して出したデータに基づいてくまなく営業をしていくことで、成約率が格段に上がっていく**ではないですか。

『リサーチをベースとした営業戦略』がいかに大切であるか、『調査の野村』が教えてくれたことです。

あなたのターゲットはどの属性で、どこにDMや手紙を出していますか？

自分の会社や商品がどこにアプローチしているのか明確になっていないとダメなのです。売れない会社ほど、商品を**「皆に買ってもらいたい」と言いますが、実は皆にウケる商品なんてないのです。**

最終的に、**ターゲットというのは絞り込めば絞り込むほどいい。**そして、目的に達成するための最短のことを考えて、少しずついらないものを切り捨てていくことで勝率は上がります。

分析に基づいた『ターゲット戦略』で、営業打率を上げる

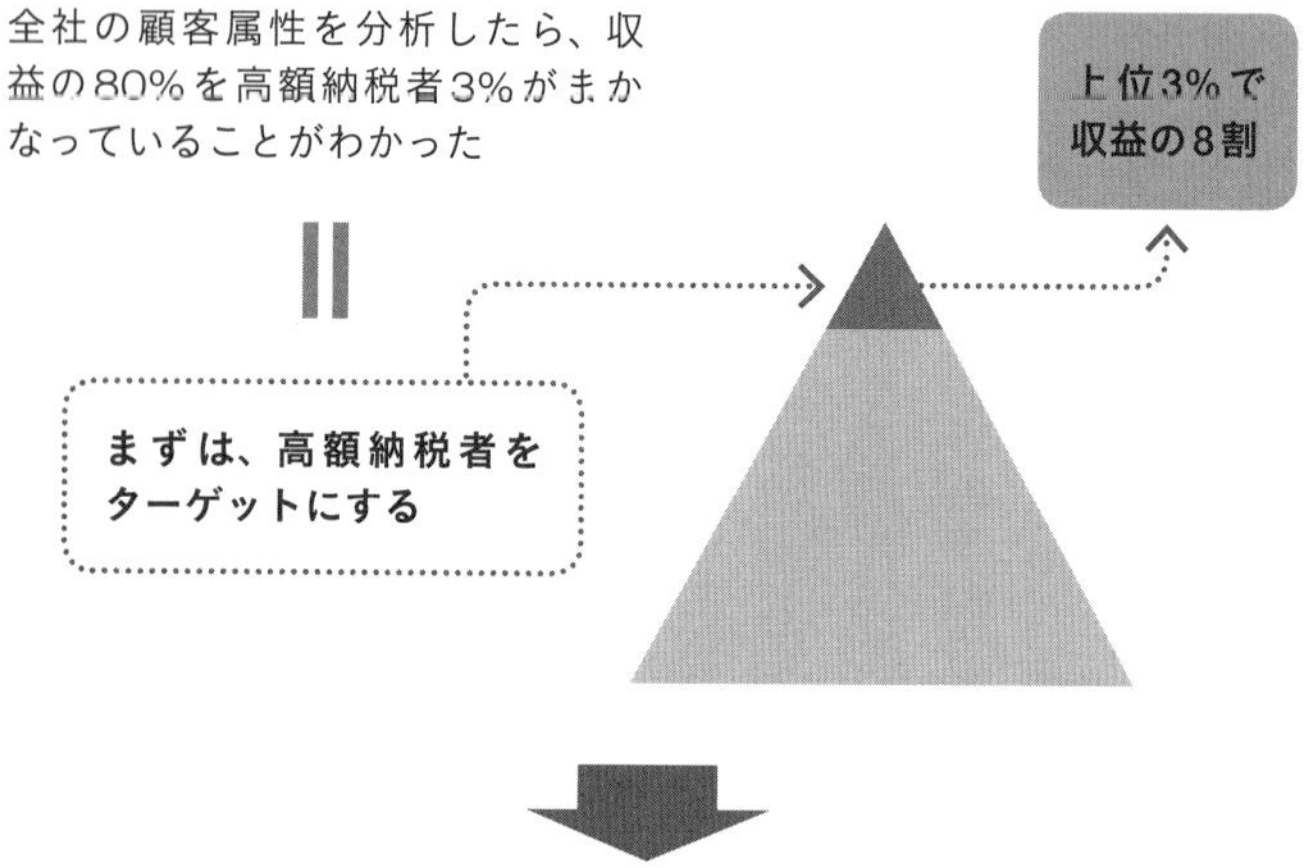

ターゲットをリストアップし、漏れなく無駄ない「絨毯爆撃飛び込み」を

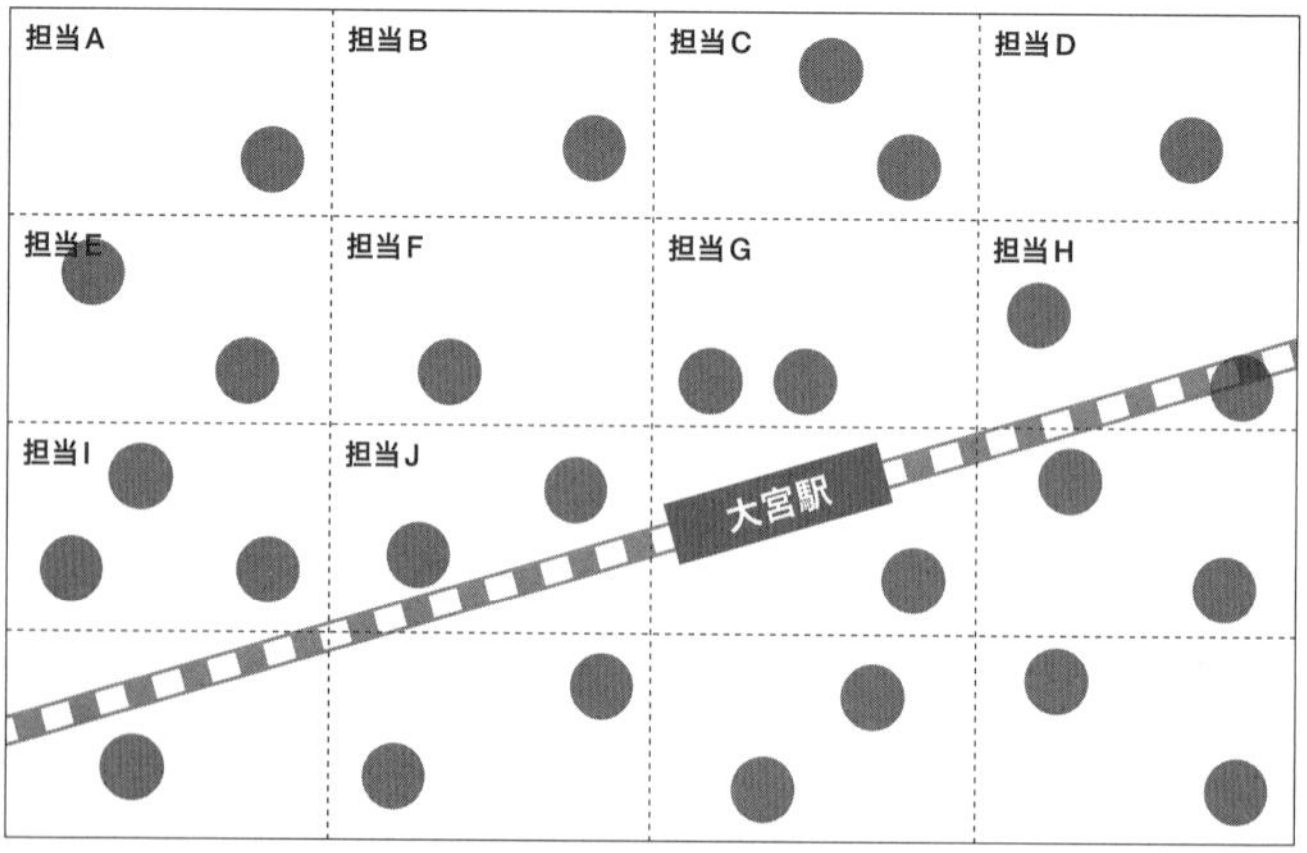

※ターゲット：高額納税者がいるところ＝●

社長との商談に即つながる、電話アポ

野村證券時代、お客様は法人契約がほとんどでしたから、営業は社長や個人事業主の代表と会わなければ始まりませんでした。なるべく早くに決裁権のある社長に会うことで、目標達成にかかる時間が短縮されます。

ところが、テレアポをして社長につなげるのは至難の業です。たとえ、つながったからといって、社長に直球で自社製品やサービスをおすすめしても、大体電話はすぐに切られておしまいです。

そこで、私は新聞情報から突破口を見つけました。

その名も「社長のトップインタビュー」。

新聞記者でもないのに、まるでインタビュアーのような口ぶりで、

「野村證券の市村ですが、社長にトップインタビューをしたいのです」

と電話します。この手法だと、5割がた会ってもらえました。お会いできたら、

「御社の業界の動向や、御社の素晴らしい商品について教えてください。最後には社長の座右の銘をお聞かせください」

と聞き、インタビューは終わります。そして最後にさりげなく、

「証券会社とのお取引はありますか？」

と一言聞く。

先方があると答えたら、

「社長のお話をお聞きしていましたら、社長に役立つ情報があります。野村総合研究所から出た資料をいち早くお届けします」

とお伝えします。このような話の流れで商談のステージに乗れば、9割以上の確率で契約につながるのでした。


さらに、ネットワークを広げていくために、今、弊社で行っているのが、**日経新聞の最後のページの『交遊抄』から情報を取ること**です。こちらを毎日スクラップしていると、著名人の交友図がはっきりと見えてきます。すると自分のお客様だったり、たどっていくと友人だったりするのです。

まだ若いあなたであれば、『交遊抄』でつながることは少ないかもしれませんが、社長同士のつながりがなんとなく見えてきて、それが取引先の社長とつながること

もあります。新聞というのは、こんな小さな枠であっても大きなきっかけが掘り出せることがあるのです。

そうか、と思ったら関心を持ってスクラップをしていく地道な作業が大事です。

契約確率をはじき出すDMや手紙の書き方

新人の頃は1日100件でも200件でもやみくもなアプローチ期間があることでしょう。

ですが、そのうち少しずつターゲットが絞り込まれてくると、アポイントを取って会えるお客様が増えてきます。

私も入社当初、1週間に1000件飛び込み（1日200件）、名刺は240枚（1日約40〜50枚）集めましたが、その内社長の名刺は25枚でした。その中でお客様になるのは1人。1000件中999件はお客様にならないということがわかりました。

テレアポにいたっては、1時間に電話できるのが20〜30件。3時間でアポイントが取れるのはたったの1件……とわかってくるのです。

これを1年間やり続ける中で、**証券会社の場合、ターゲットは「お金を持っているそうな人」に定めないとダメ**であると明確になってきます。これは最初に数をこなしたからこそ、わかったことです。『リサーチをベースとした営業』に切り替え、中小企業の社長や、個人病院などをくまなくチェックするようになりました。

きっかけづくりのアンケートが奏功する！

すぐに面談にいたらない場合は、きっかけをつくるアンケートが最適です。

私が新人の頃は、「新規発行の転換社債に興味がありますか」「新規公開株に興味がありますか」と、お客様が興味を持つであろうことを一番上に書いたアンケートを富裕層に送りました。

最終的には「どこの証券会社と取引をしているか」を知るためですが、徐々に深掘りして答えやすいようなアンケートを作ります。39ページのアンケートを参考にしてみてください。

アンケート形式になっているDMなので、興味がある人はパンフレットの情報を読めて、さらに中身に関心がある人にはアンケートに返信してもらう仕組みです。

このアンケート付きＤＭ送付は、営業ツールとしてずっと続けました。新宿野村ビル支店時代も「先輩たちをごぼう抜きにしてやる」と、自分のお客様になってくれそうな人に毎日６００通のアンケート送付をしました。

ターゲットは前述した通り、富裕層を狙います。高額納税者や上場会社の社長、役員、ライオンズクラブやロータリークラブの会員、省庁の外郭団体の理事など。ちょうどその頃、結婚したばかりの妻が妊娠中で家にいました。そこで私は彼女にアンケート付きＤＭの宛名書きを頼んだのです。

なぜ、６００通だったか？

毎日６００通送ると、３～４％はアンケートの返事が戻ってくることがわかったから。つまり、１日20件弱の戻りです。そこで、その20件を１日でまわって営業をします。

電車で乗り降りしていては20件まわりきれないので、顔馴染みの個人タクシーを使い、どのルートでまわると効率的であるかを前日に地図を見ながら道順を考えてもらいました。

アンケートを戻してくださったお客様は株式や投資に興味があるのは間違いない。その貴重なターゲットに対してどんなアプローチをしたら、こちらに振り向いてくれるのか？　これには事前準備がモノをいいます。

今なら、インターネットでさまざまな情報を引っ張ってくることは可能ですが、あの頃はまわる20件すべてのデータを帝国データバンクや会社四季報、業界誌等をフルに使って調べるしかありませんでした。

相手が法人であれば**会社の事業内容、業績、売り上げの推移、取引先、抱えている課題などを徹底的に前日に調べ上げておき、『ペンディングノート』（20ページ参照）に記録**しておきます。

返信されたアンケートもペンディングノートに貼って、回答いただいた方に連絡を入れずにいきなりお邪魔をします。受付では当然、

「アポイントをお取りになっていますか」

と聞いてこられます。

「取っていませんが、会長からアンケートに答えていただいています。近くに参りましたのでご挨拶に上がりました」

と言って、返信されたアンケートを見せますと、これは会長の字だな、ということで通してもらえました。

アンケート戻りの3〜4%はかなり成約可能性の高い対象先だと思っていいでしょう。なぜなら、わざわざアンケートの回答を封筒に入れて切手を貼り、ポストに投函して返信する手間をかけてくださるのですから。商品に興味がなければそこまでしないものです。

たとえば、18通の返信があったうち、15通は契約につながりました。

最初、毎日600通のDMを出していたら、総務課長から雷が落ちました。

「こんなに、毎日600通も郵便費どうするんだよ」

それはそうです。毎日ですからね。その上、タクシーを貸しきりにして、1日2万5000円の交通費まで請求し始めたので、総務課長はさらにカリカリに。

ですが、そのうちの8割が顧客になりましたから文句は言わなくなりました。

現在、『ファーストヴィレッジ』では、手紙によるアプローチが高い成功率をはじき出しています。40〜41ページをご覧ください。ホームページ、新聞、テレビ、業界誌をくまなくチェックしていると、営業したい企業がたくさんあります。

きっかけづくりのためには、**「貴社のホームページを拝見しました」「貴社の新聞の記事に共感を持ちました」「社長のご意見には感銘を受けました」などと、手書きで手紙を書いて面談の依頼**をします。

メール全盛の時代にあって、手で書いた文字は、パソコンで印刷したものと違い、その人の気持ちを反映するし、心がこもるのです。時間と心を込めた手書きの『フォーユーレター』は、相手に興味と「一度会ってみようか」という気持ちを抱かせるに違いありません。

弊社の場合は、営業経験の少ない部下たちが「市村」をインフラとして使い、「市村もお客様との面談を希望しています」であったり、「お客様のお困りになっていることを市村が解決いたします」というフレーズを入れて手紙をしたためます。

そうすることで、アポイントまではかなりの確率でこぎつけられるようになっています。

きっかけづくりのアンケートで要望をキャッチ!(証券会社の場合)

答えやすそうな質問から始める

端的な選択肢

一番聞きたい部分は最後に

徐々に深掘り!

[アンケートにご協力ください]

1)新規公開株にご興味はありますか?
a.ある　b.ない

2)金融機関をお選びになる際のポイントは何ですか?
(いくつでも結構です)
a.近いから　b.サービスの善し悪し　c.評判　d.ニーズ
e.広告・宣伝・CM　f.DMや電話での応対
g.会社の大・小　h.その他(　　　　)

3)○○に○○証券があったのはご存じですか?
a.知っていた　b.知らなかった

4)あなた様が現在ご利用になっている貯蓄は何ですか?
(いくつでも結構です)
a.郵便定期貯金　b.定期預金　c.株式投信　d.その他(　　　　)

5)貯蓄をお選びになるとき、お宅ではどなたがお決めになりますか?
a.ご主人様　b.奥様　c.夫婦・家族で相談　e.その他(　　　　)

6)あなた様の貯蓄に対する考え方についてお聞かせください
a.少しでも有利な情報があればすぐに預け替える
b.少々金利は低くても元本保証の貯蓄
c.多少リスクは高くても高収益が期待できる貯蓄
d.ポートフォリオ(組み合わせ運用)でバランスを考えた運用
e.その他(　　　　)

7)貯蓄を選ぶ際のポイントをお聞かせください
a.期間　b.期待利回り　c.安全性

8)株式投資についてお聞かせください
a.積極的に運用していきたい　b.現在株式をもっているが特に関心ない
c.関心はあるが現在はない　d.関心がない

9)証券会社とのお取引はありますか?
a.ある(　　　　)証券　(　　　　)支店　b.ない

10)弊社に対するご意見・ご希望がございましたらお聞かせください

ご協力ありがとうございました

お名前	ご職業
ご住所	お電話

超高確率で社長のアポにつながる、魔法の手紙

ご返紙

ご面談のお時間を調整していただける場合は、お手数ですが面談可能な時間にチェックをいただき下記までご返信いただけましたら幸いです。

FAX 03-0000-0000

〈ご面談可能日程〉

□**1月15日(火)** □10:00〜 □11:00〜 □12:00〜 □13:00〜
□14:00〜 □15:00〜 □16:00〜 □17:00〜
□**1月16日(水)** □10:00〜 □11:00〜 □12:00〜 □13:00〜
□14:00〜 □15:00〜 □16:00〜 □17:00〜
□**1月17日(木)** □10:00〜 □11:00〜 □12:00〜 □13:00〜
□14:00〜 □15:00〜 □16:00〜 □17:00〜

・
・
・
・
・

□**1月28日(月)** □10:00〜 □11:00〜 □12:00〜 □13:00〜
□14:00〜 □15:00〜 □16:00〜 □17:00〜

2週間のタームを設け、チェックしやすい仕組み

上記日程でご都合が悪い場合は
他の日程を頂戴できましたら幸いです。

月　日　時頃

なんとしてでも面談できるよう他の日程も書けるように

御社名　○○株式会社　○○様
ご連絡先

※個人情報は管理の下……
連絡先○○○○

個人情報への配慮

○○○○会社
代表取締役 ○○○○様

時候の挨拶

拝啓
桜花の候、○○社長におかれましてはますますご健勝のこととお慶び申し上げます。
私は○○会社○○部にて○○をしております○○です。
突然のお便りを差し上げますご無礼をお許しください。

社長の考え方に共鳴した旨などを書く

先日、『○○新聞』にて、社長の記事を拝読し、早速御社のHPや○○社長のブログなどを拝見いたしました。
○○社長が○○に力を入れておられる姿には心を揺さぶられ、是非とも一度社長とのご面談を賜りたくご連絡をさせていただいた次第です。

お願いごとだけではなく、相手へのメリットも書く

弊社では、○○○をおこなっており、○○にご参加いただけますことを希望いたします。弊社では、これまでも○○をして参りましたので御社にとって○○がお役に立つと思われます。
弊社の○○社長も貴社長の記事を拝見し感服しており、弊社の○○にて将来を担う若者へメッセージをいただけたらと申しております。

面談したいなど目的を明確に書く

つきましては、○○社長のご都合がよろしい日程がございましたらFAX または、Eメール、もしくはお電話にてご返信をいただけましたら幸いです。

ご多用とは重々承知しておりますが、何卒ご面談の主旨をご理解いただき、ご高配賜りますようお願いいたします。
末筆ではございますが、○○社長のますますのご健勝をお祈り申し上げます。

敬具

○年○月○日

○○会社　○○部　名前
所在地　TEL　FAX　Eメール

QR
コード

御用聞きスタイルより「3C分析」を

私は、新人の頃に先輩から「お客様のところに出向いたら、必ず何かをもらって帰ってくること。それが商人《あきんど》」と言われていたので、手ぶらで帰るなんてことは考えられませんでした。

営業スタイルはさまざまありますが、たとえば、国民的アニメ『サザエさん』に出てくる三河屋のサブちゃんのような御用聞き営業は商人としてどうでしょうか。「必ず来て、そのとき欲しいものを持ってきてくれる」とサザエさんにとってはとても便利な存在です。競合が現れない限り、サブちゃんは安定した売り上げを上げているかもしれません。しかし、ひとたび「価格競争・納期競争」に陥ってしまったら、一気に安定感が崩れてしまうという脆さを持つのが御用聞き営業なのです。

一方、私がイメージしている現代の商人・サブちゃんは、アイパッドを持っており、顧客データをしっかり管理しています。あらかじめ、お客様の課題を聞き出しているので、その課題の解決策を提案することもできます。

御用聞きに行かなくても、「波平さんがいつも飲んでる焼酎が切れている」「タラちゃんは野菜嫌い。マヨネーズがないと野菜が食べられない」とわかっているのでしかるべきタイミングで焼酎やマヨネーズという問題解決の商品を持っていき、売り上げを取ってきます。

そう、お客様の悩み、課題を解決できる提案や、お客様のビジネスにとって役立つ情報を『お土産』として持参できることが他の営業マンとの差別化になります。

「このお客様はたぶん、こういうニーズがあるだろう」「こういうことを欲しているだろう」という仮説の下にお客様のところに行くのです。

「これが欲しかった」気持ちを揺り動かす

昨今、人は何かモノを欲しいと思っているとき、営業マンからわざわざ買わなくなってきています。欲しいと自覚しているお客様は商品の価格やユーザーの評価をインターネットですぐに調べて、そのまま購入してしまうのです。どの企業からどんなタイプの商品を選ぶのか、いつ買うのか、もしくは買わないという判断も、自分で決めたいと考えていることが多いのです。あなただって、買う立場であればそう思いますね。

なので、ただ「これいいですよ」とアプローチしたってダメなのです。**潜在ニーズのあるお客様にアプローチをする**こと。

「あ、私は本当はこれが欲しかったんだ」という気持ちを揺り動かすように、事前にお客様のデータ分析ができて、かつ問題解決ができないといけません。

あなたの営業先のお客様は何を欲しているか知っていますか？　少なくともお客様のところに行く前には、その会社のホームページを見て、社長についてインターネットで調べ、社長の著書やブログ、プロフィールを見るのは当たり前ですね。

また、そのお客様に対して競合しているところはどこなのか？　ライバル関係にある会社は何をしているか分析しないといけない。同業者はどんなアプローチをしているか？

そして最後に、**あなたの会社の強みを分析して明確に説明できなければいけません。**これがいわゆる3C（カスタマー＝お客様、コンペティター＝競合、カンパニー＝自社）分析です。

私は3年前より、某大手進学塾のコンサルティングを手掛けています。その企業は上場もしていますし、全国に多数の教室を持っていますが、前述のようなカスタマー分析、コンペティター分析があまりされていませんでした。

そこで、学習塾の**自社分析も含め、3C分析を徹底**して行いました。**分析してから、商品戦略を立て直していったら、3年間で1万人の受講生が5万人にもなり、株価も5倍に跳ね上がりました。**

御用聞きだけの営業マンや、「これいいですよ」という営業マンばかりだったら、あっという間に会社はつぶれます。

「あなたの会社が抱えている課題はこうだから、私が持っているこの商品や情報でこんなふうに解決できます」

そこまで提案できるように緻密に仮説を立てて初めて、事前準備は完成します。

自分を売り出すプロフィールを作れ

私は業績不振に悩む野村證券大宮西口支店の立て直しのために、まず、「社員一人ひとりがそれぞれの個性を活かしながら、常に主体性がある金融証券マンになるにはどうしたらいいいか」、じっくり考えました。

その一つが、営業マンたちに『自分のプロフィール』をＡ４１枚（50ページ参照）で作らせることでした。

たとえば、平社員の鈴木君。後ろ姿は、背広がはち切れるほどのたくましさで、体重１５０キロはくだらないという。酒を飲ませたら、誰よりも強くて2升くらい軽く飲んでしまう男です。

「鈴木、おまえは学生時代に何をやってたんだ？」

「柔道をやってました。オリンピック強化選手でした」

「それは、すごいな。では、自分のプロフィールを作って現役のときの写真をそこに貼るといい」

Ａ４の用紙に「このエリアを担当しています」と書き、名前、年齢、出身校、出身地、そして自分の信条「お客様の投資のお悩みになんでもお答えします」とコメントを加えました。

鈴木君の一番いい笑顔の顔写真、もしくはガッツポーズをしたイラストなどと一緒に、**過去の栄光である柔道の写真も掲載。その写真の吹き出しには、これまで自分が苦労してきたこと、努力してきた話を入れるのがポイントです。**

するとどうでしょう。そのちらしを持って営業に行くと、お客様は柔道の話を聞いてくるではありませんか。

「へー、あなたオリンピック強化選手だったの？　そのときの試合はどうだった？」となって、鳴かず飛ばずだった彼の成績も、うなぎ上りに。いろいろな場所でお客様と会話の糸口をつかむことができるようになったのです。

「証券を売る前に、自分を売れ」

と、よく野村の先輩が言っていましたが本当です。

あなたが得意なこと、好きなこと、特技などは、あなたの商品価値を上げていく

のです。もちろん、お客様と雑談できるくらいの日常会話を身に着けておくことは最低限のマナーであり、広く浅い知識はどの営業マンも持ってしかるべし。

それにプラスして、「この営業マンは他とは違う」を出さないとダメです。そのためには、学んだ知識の中から特化していくことが必要です。

たとえば、あなたが**ある製品にかかわっているのなら、その製品について詳しくなる。**使っている素材は何か、どういう歴史を経て開発されたのか、将来改善する課題は残っているのか、専門家を訪ねてその知識を語ってもいいでしょう。

また、**美術館や博物館に行って一流の作品に触れたり、音楽コンサートや歌舞伎、演劇などの芸術的教養を身に着けるのも知識を得る方法の一つ**です。お客様になる人と会話を共有できる楽しみ、教えていただける喜びの中から人間関係を構築して信頼を築いていきます。知識は武器になるのです。

鈴木君の柔道もまた、お客様との距離をぐっと近づける特技だったので、お客様から一目置かれることとなりました。

営業マンは、自分のことを好きになってもらわないと始まりません。誰でも、好きな人からしか買い物はしないわけですから。

個性が活きてくると、主体性が出てきて、自分をもっと知らしめたくなるもの。そこからはエンジンがかかったように、営業に行く足取りが『いかにも熱意のある歩き方』に変わるのがこのちらし効果。

今でも野村證券ではA41枚の自己PRちらしを作っているようです。私の家にも、自分の顔写真、信条、出身地などが書かれたちらしが配られています。「この近くの担当になりました」といって、投資信託の資料と一緒にポスティングしてあるのを見ると、大宮西口支店の社員たちの顔を思い出します。

自己PRちらしで、話のきっかけをつくる

信条を書く

名刺をホチキスで留める

顔写真・ガッツポーズのイラストなど

訪問予定日の候補を尋ねる

この地域の担当をさせていただいております
○○証券会社　山田太郎　25歳
出身：○○　出身校：○○

お客様の資産運用のお悩みについて
なんなりとご相談承ります

〈ご面談可能日程〉

□**1月15日(火)**　□10:00～ □11:00～ □12:00～ □13:00～
□14:00～ □15:00～ □16:00～ □17:00～

□**1月16日(水)**　□10:00～ □11:00～ □12:00～ □13:00～
□14:00～ □15:00～ □16:00～ □17:00～

□**1月17日(木)**　□10:00～ □11:00～ □12:00～ □13:00～
□14:00～ □15:00～ □16:00～ □17:00～

・
・

□**1月28日(月)**　□10:00～ □11:00～ □12:00～ □13:00～
□14:00～ □15:00～ □16:00～ □17:00～

ありがとうございます

甲子園出場経験あり2008年8月
○○高校VS○○高校○○な試合でした

FAX送り先○○○○

お名前　ご住所　TEL
※お手数ですがFAXにてご返信ください

自分の過去の栄光の写真、学生時代に頑張ってきたことなどの写真を入れて話のきっかけをつくる

面談の日にちと時間(10:00~17:00まで)をチェックできるように、2週間分入れる

朝6時出社、夕方6時退社で、1日が3倍使える

営業マンの原点をいうならば『準備段取りが90％』ではなかろうか。それも、できれば朝9時までに終わらせ、それ以降は外交の時間に費やすのです。

私が野村の新人時代にしていた朝の準備といえば、**通勤途中に『日経新聞』にすべて目を通し、6時に出社したら『朝日新聞』『読売新聞』『産経新聞』、その他社内にある業界誌に至るまでに目を通す**ことでした。

7時前後に先輩が出社してくるので、それまでに、重要な記事をコピーして、株が上がりそうなものと下がりそうなものと2種類に分けて自分のスクラップ帳に貼ります。

お客様がどういう情報を欲しているかに合わせて「この記事はあのお客様に」「このトピックスはあのお客様に」と、朝一でFAXを送っておく。すると、始業開始と同時に、お客様のほうからバンバン電話がかかってきて新たな商談につながっていくのです。

ニューヨークのマーケットが終わるのが日本時間の午前6時で、それを受けて午前9時から日本のマーケットが開きます。証券マンであればその前に調査、分析をして推奨銘柄を出しておかなければなりません。

私は毎朝、野村の営業課132支店で大きくお金が入っている店や新規開拓ができている店を定量的に見て、動きのある店に直接電話をして理由を聞き、自分の店でもそのやり方を実践させることもしていました。朝の時間は営業マンにとって貴重な情報収集の時間です。大きな組織であれば、全社的に情報収集ができるのですから、ネットワークを張り巡らして有力情報として使うべきです。

朝早い活動はクレームをも防ぐ

お客様のクレームも早朝に事前に防ぐことができます。

たとえば、自分の支店で株券の出庫があったとしたら、お客様が「株券を出してください」ということ。これはなんらかの問題があったサインで、始業と同時にクレームの始まりにもなりかねない。その理由を早期に分析して今後のトラブルに対応できるようにしておくと、何があっても大事には至りにくいのです。

飛び込み先のお客様も、社内にいる可能性が高いのは始業時刻直後の朝9時頃です。9時に連絡が取れれば、その日の予定が決まり、作戦が立てられ、できる限り効率よく飛び込みができます。

証券マンでなくても、朝6時に出社できていれば、お昼まで6時間あります。たとえば、午前中に1日分の仕事をあらかた終わらせれば、午後からは営業の時間になるでしょう。そして夕方6時からは会食や、自分の時間として人脈を広げるなり自分の未来への投資に使えます。

このように、**1日を3回転させれば、普通の人の3倍使える**ことになります。

私が支店長のときには、営業職の残業代が少ないと言われていましたが、支店内は徹底してタイムマネジメントができていたのでしょう。

成績が芳しくなかったら、人より早く会社に出社して働くのが得策です。朝の使い方が大切なのです。

高いスーツ1着より安いスーツをたくさん買え

私は大学時代にスキーツアーの商売を成功させ、多額のお金が懐に入りました。新入社員として野村證券に入るときには、そのお金を豪勢に使って伊勢丹でやや高めのスーツを一気に20着作ったのです。

スーツだけではありません。靴も10足以上は新調しました。ネクタイやワイシャツもスーツに合うものを買いそろえ、高価なネクタイピンも用意しました。

富裕層を相手にする証券マンになるからにはそれくらいの準備は当然必要だと思ったからです。しかも、そのスーツを配属先の仙台の寮に送りつけ、ずうずうしくも寮母さんに、

「スーツを全部出して吊るしておいてください」

とお願いしたのです。

「新人のくせにスーツがシワになるから吊るしておけだなんて、後にも先にもあんただけだよ」

と、失笑をかった思い出があります。

スーツはどれも仕立てもいいし、色も深くて品がありました。さすがに、**身に着けるものがいいと本当の自分が底上げされる**のです。おかげで自分に自信が持てたので契約も同期よりはバンバン取れました。

ただ、よいものを買えばOKというわけではありません。

弊社社員の加藤君は、役職に着いたということで、奮発して15万円のスーツを買ったはいいが、1週間も毎日着続けて悪臭を漂わせていたという話。大きな約定が続けてあったので、いいスーツを着なければと思ったそうです。いくら15万円でも毎日着続けたらヨレヨレになってしまいます。それなら、安物でもピシッとしていたほうがはるかに印象がいい。

加藤君と2人して、「これではまずい。すぐにコナカに行こう」と、1着1万2000円のスーツを5着買わせました。

営業マンはパッと見が大事。**だらしがない営業マンはそれだけで、貧乏神が来たと思われてしまう**のです。

人は「健康そう、清潔そうな人」の話は聞いてみたいけど、逆のような人の話には乗りたくないものです。

そうです。高価なスーツでなくても、清潔感が一番。


人の行動が他人にどのような影響を及ぼすのかについて調べた調査（アメリカの心理学者 アルバート・メラビアンが提唱した法則）によると、見た目など視覚情報が55％、口調や話す速度など聴覚情報が38％、話の内容などの言語情報が7％の割合であったことがわかり、これは3Vの法則ともいわれています。

営業マンはことさら話す内容を重要視しているかもしれませんが、実際にはまず見た目が勝負だということですね。

大切なことは、自分が好きなものではなく、相手からどう見えるか。仕事服は相手の目線に合わせて選び、好きなファッションは休日に楽しめばいいことです。

清潔でシワのないスーツ、ビシッとしたワイシャツ。明るいネクタイ。折り目がきれいに出ているズボン。ピカピカに磨いた革靴。こういったファッションがお客様に好印象を与えるのです。

クールビズなんていうのも弊社ではありません

クールビズが浸透していますが、お客様のところへ行く際は、ネクタイとジャケット着用は必須だと思います。また、お客様がジャケットを脱ぐまでこちらは脱いではいけません。

そもそも、なぜきちんとするのか？　それはお客様への敬意表現だからです。初めて会う方に挨拶するのであれば、女性だってジャケット着用が当たり前ですが、できていない人もよく見受けられますね。

もう一つの理由として、**日本人男性には胸板が薄くて骨格が貧弱な人が多いので、ネクタイを締めないとキマラないことがあげられます。子どもっぽく見られると損です。**

高額商品を扱う営業マンの中には、「自分もクラス感ある装いにしないといけないのでは……」と、身分不相応なスーツや腕時計で営業に行く人がいます。お客様によっては、「なんで若いのにこんな高いものが買えるのだろう」と不審に思ったり、

「お里が知れるなあ」と思う人もいるので要注意です。身に着けるものは、自分が買える範囲内で上質なものを選ぶのが妥当なのです。

もし、**奮発して買っても損がないとしたら、時計よりも筆記用具**でしょう。私は契約をいただいたときのサインは私の高級ボールペンでしていただきました。それこそ相手への敬意の表れでありおもてなしでもあるのではないでしょうか。

また、普段使いのペンも、「どうせ、自分が使うのだから」と100円ボールペンを使うのではなく、自分の心の豊かさのためにも、少し高いものを買ってみてはいかがですか。

ぜひ、高級時計を買うのなら、筆記用具にお金をかけてみましょう。

20代で1億稼いだ私が会社員を選んだ理由

野村證券新宿ビル支店時代には、いまだ破られていない「1ヵ月に手数料6億を稼ぐ」記録を出した私ですが、その営業力は、大学時代に商売をやっていたこととも関係しています。

私は大学受験に2度失敗し、3度目で立教大学に入りました。何しろ、暗い浪人生活をしていたので大学入学と同時に、その開放感でサーフィンを始め、資金源のために自宅近くにあった『甘栗太郎』でバイトをしたのです。

私の家の最寄り駅である練馬駅を降りると、キャバレーが2件並んでいて、その前に『甘栗太郎』はありました。栗の入った大きな鍋の前に立ってぐるぐると大きな棒で栗を焼くのです。真っ暗闇の中、看板だけが明るいキャバレーの前には、呼び込みのお兄さんが立って叫んでいます。お兄さんの営業トークがおもしろくてついつい棒をまわしながら見入ってしまいます。

「社長！　3000円ぽっきりだよ！」
「明朗会計！　明朗会計！」
と。

その言葉に導かれて、鼻の下を伸ばして男の人がゾロゾロ入っていくのです。

そして、少したつと、「チェッ」といって不満そうに男の人たちが降りてくる。

あぁ、明朗会計ではないのだな、と「騙して営業しなければならない水商売の世界」も学んだわけです。

いかに、営業トークが難しいか、人を呼ぶことが大変なことか。ビジネスの基本は人を集めることではないかと大学1年生の私は思いました。

その後、学生向けのスキーやテニス&サーフィンの格安ツアーを企画してバス5000台分の学生を集め大成功しました。ホテルの手配からバスの手配、保険の手配まですべて、事業家の真似事をして、大学4年間で手元には1億円のお金が転がり込んだのです。大学生活はツアーの仕事と、サーフィンに明け暮れ、勉強そっちのけの学生でした。

スキーツアーでは、「いかに営業するか」を現場で覚えていったものです。女子大生を集めるのには、偏差値の高い女子大学より、都心のおしゃれな短大生のほうが獲得率が高いなどを経験。それこそ、営業戦略で一番大切な【ターゲット戦略】を学びました。ターゲットがわかれば、その属性を狙っていけばいいわけですから、都心の短大に行って片っ端からビラを配りました。

スキーツアーの事業は、人集めが順調にいったので成功しましたが、「世の中はこんなはずはないぞ」と思っていました。そんな矢先、私が企画したスキーツアーのバスが事故に巻き込まれることになったのです。雪道をスリップしてきたダンプカーがぶつかってきました。幸いけが人はいませんでしたが、現場に駆けつけ、窓ガラスが粉々になっているのを見て潮時を直感しました。大学４年生のときには、すっぱりとバスツアーの仕事から手を引きました。

そこから気合を入れ直すために、管理者養成学校の研修プログラム『地獄の特訓』に通うことにしたのです。このことが、私の人生にとってのショック療法となりました。

地獄の特訓に参加するのは私以外、企業の管理職の男性たち。業務命令とはいえ、ふたまわりくらい年上の人たちが泣きながら特訓を受けています。男性たちがひしめき合うその中で、働くことの現実と厳しさを目の当たりにしたのです。あまりにも安易に金を稼いできた自分の目が覚めたのです。

晴れて管理者養成学校の合宿を終えた私は、世界で一番厳しい会社に身を置こうと、野村證券の門を叩きました。

ところが、私が野村を受けたときは既に採用は終わっていました。

「おまえは今頃何しに来たんだ？」

「はい、昨日まで管理者養成学校に行っていたので採用試験が受けられませんでした」

「それがうちの採用と何の関係があるんだ？おまえに何ができるというんだ？」

と聞かれたので、私はすかさず、

「歌を歌えます」と大きな声で、管理者養成学校の『セールスカラスの歌』を歌い始めました。

♪額に汗して作ったものは〜、額に汗して売らねばならぬ〜♪

担当の課長は「私ではわからないので、人事部長を呼んできます」

と言って、人事部長に、「こいつ、アホなんですよ、なんか歌を歌って……」。


私はせっかくいただいた一世一代のチャンス、スター誕生の舞台に立った気持ちで、人事部長とフロアの社員の前でまた歌いました。

すると、人事部長は、

「おもしろいやつだな、こんなのが一人いてもいいだろう。一人くらい留年するやつもいるから、とっておけ」

私は歌をあと1回、計3回歌って、野村證券に入社することができたのです。

これが営業マンとして、私を売り込む自己PRの第一歩でした。

いつでも「この勝負！」といって人生を決めていくのが営業マンなのです。ビジネスはトーナメント戦だと思います。

第二章【実践編】

なぜ会ってすぐ10億の契約が取れるのか？

受付で50回相手にもされなかった私が社長に会えた理由

飛び込みは、何回も何十回も行って契約につなげるべきでしょうか?

第一章で述べてきたように私の営業は、やみくもな飛び込みではなく、根拠があってお客様に会いに行くものです。

根拠をもとに自信を持ってアプローチするからこそ、何回も行くべきなのです。

野村證券仙台支店の新人時代、私は先輩も落とせないでいた仙台一の高額納税者T社長にターゲットを定め、足しげく通い、10億の契約を取りました。

来る日も来る日も受付嬢に「社長はまだ帰っておりません」と断られ続けましたが、ある日、T社長が確実に帰ってきたことを確認するも、強行突破で社長室のある8階まで非常階段を駆け上り、ガードマンに押さえつけられながらも社長と面会することに成功。

自分でも、かなり強烈なプッシュ型営業をしたものだと思っています。

「社長にどうしてもお目にかかりたくて、つい非常階段で上がってきてしまいました。おすすめしたい株がありました。申し訳ございません」

ここは真摯《しんし》に謝るしかありませんでした。

すると、

「おもしろいやつだな、何を買ったらいいんだ？」

とT社長が聞いてこられたのをチャンスに、心に決めていた銘柄をおすすめしました。めでたく、社長から10億の契約を取ることに成功したのです。通うこと50回目の日の出来事です。

キーパーソンを落とすには

これまでも、私はキーパーソンに応援してもらえることが多くありました。仲間は「人たらし」と言いますが、自分なりに「人たらし」の理由を考えてみると、真正面から熱い気持ちを伝えてきたからではないかと思います。

キーパーソンも苦労をした末に今の地位を築いた経営者なので、営業マンと自分を重ね合わせ、「志高く持ち続けていた若い時代」を思い出すのではないでしょうか。

実は、T社長は私が50回訪ねているのをご存じでした。なぜならば、受付嬢が、私が置いていく名刺をすべて社長に渡していたのです。

現場に何回も行くとは、つまりこういうことです。**現場に行けば現場でしかわからないものが得られる。社長が会社にいる時間、話ができそうなタイミング、どこが社長室かなど。**履歴を綴《つづ》る『ペンディングノート』(20ページ参照)にも、毎回情報が増えていけば、それだけお客様のニーズも想像できるようになり、次の飛び込みのヒントにもなります。

私は、『全館営業』もよくやりました。営業先に行って、社長が不在であれば別の部署に顔を出す。経理部でも総務部でも、会社や社長の情報を取るために、全館くまなく営業をするのです。「株式はやっていません」と、受付で断られても、経理部の本棚に会社四季報や有価証券報告書などがあれば、何かしら運用を会社で行っているに違いありません。

挨拶ができた部署の担当者には業界情報をお伝えして親しくなっていきます。

今どきは、インターネットがあるのだから何回もたずねるのは非効率だ、と言う人もいますが、私はそう思いません。ターゲットを定めたら、愚直にたずねていけば、**「2訪」「3訪」「4訪」と進行するにしたがって成約率が高まっていきます。**

成功する人は成功するまでやり続けたから、成功したのです。

ここでもう一つ、侮ってはいけない人をお教えしましょう。それは、受付嬢。50回訪問しても取り次いでくれなかった女性ですが、私も会話の糸口にでもなれば、と淡い期待を抱きながら、粗品のかわいい貯金箱を持っていったり、シュークリームを差し入れしたりしていたのです。

「困ります」と言いながらもちゃんと受け取ってくれていたのは、やはり気は心だったのです。**受付嬢には真摯な態度で接すること。**

また、受付嬢同様、秘書の方も味方につけておきましょう。彼らは社長に一番近い場所にいて社長の動向を知っているのですから。

地位のある人には丁寧なのに、一般スタッフや女性の前で、いばったり横柄な態度をとったりする男性が結構いますが、そのような行動はトップにも伝わるもの。**どんな人にも礼儀正しく接しておくこと**が成功への一歩です。

営業先でのキーパーソンの探し方

私が、仙台の高額納税者のT社長を落とせたのは50回足を運んだのも理由の一つですが、事前に見込み客を集めたキーパーソンリストを作っていたからです。キーパーソンは、帝国データバンク、ダイヤモンド社などのリストからフルネームを入手し、全館外交、セカンドゲイトキーパーから聞き出します。政府各所管法令審議内容や規制などの話題からゲイトキーパーを突破する方法もありますが、**あらゆるリストから新規開拓したい企業の決裁者、キーパーソンを探す**ことが大切です。

その際、**お客様のフルネームを事前に把握しておくことは必須です。**

「財務担当者は、いらっしゃいますか」

「広報担当者に、お取り次ぎ願えますか」

このようなアプローチでは、門前払いされるのが常です。電話では必ず固有名詞で尋ねます。

ターゲットにした企業の業種について見識を深めたら、法令審議内容や規制など「専門的な話題」を持ち出し、まずはゲイトキーパーを突破。担当者がいない場合も、営業部長、他の部署の課長……と、全館を外交していくと他の部署の情報もキャッチできるようになります。また、警備員との何気ない会話から、社長の帰社時間を聞けるチャンスもあります。**決裁権のある社長に早めに会うことが、契約への一番の近道**です。

3ヵ月に1回の顧客リスト更新が、新提案の機会に

顧客管理のためには、必ず3ヵ月に1回はお客様を訪問してリストを定期更新するか、DMや手紙を送るなどして連絡を取ることが大切です。

なぜならば3ヵ月の間にお客様の状況は変化することが多いからです。世界最大手のデータベースを提供している会社によると、60分間に、240社の企業が所在地変更、または名称変更、150の企業が電話番号を変更、もしくは不通になる、

112のリーダーの名前が変更、20の企業が消滅しているそうです。

この話を、営業マンであれば〝朗報〟と取らずしてどうしますか。

お客様の状況が変化するとき、それは営業マンには新たな提案の機会が訪れるということです。企業であれば、人事異動によってキーパーソンが変わり、お客様と新たな関係を築くことが可能になったり、お客様が海外進出をすればグローバル対応に必要な提案ができたりします。

ですから、お客様の情報は定期的に更新する仕組みを作り、お客様の変化、つまり自分のビジネスチャンスを逃さないようにしてください。

さらに、優先順位をつけて、可能性の高いお客様からアポイントを取っていく。このワンステップがあるかないかで営業スピードは変わっていきます。

新聞記事から有望な飛び込み先を割り出す法

飛び込み先を探すためにも新聞は役立ちます。広告欄は格好の獲得材料。**広告を出している会社は広告費が出せるので儲かっている**と判断します。また、**人材を募集している会社も儲かっているサインを出している**と言っていいでしょう。

前述しましたが、私は仙台支店の新人時代から朝6時に出社して、日経、朝日、読売、産経新聞に目を通した後、ローカル紙の河北新報を読み、有力情報の記事はコピーをスクラップして、お客様ごとに関連情報をFAXしていました。

その仙台時代に、私は河北新報に掲載される社長インタビューの記事にも注目していました。主に中堅成長企業の社長の活躍について書かれていたら、その記事の主旨を理解した後、時計が9時を指すと、すかさず受話器を取ってその会社社長めがけて、

「野村證券の市村と申します。今日、河北新報で社長の記事を拝読いたしましたが……」

と電話をかけます。土地柄なのか皆おっとりしているので、こちらも比較的構えなく電話をかけられるのも地方ならでは。

電話口で、「記事を拝見しました」と言うと、社長の顔が少しほころんでいるのがわかります。

そこで、記事にあったトピックスを褒め、その記事に関連づけて野村證券のレポートをお渡ししたい旨を伝えるのです。たとえば、「社長が気になっている今年の日本経済の行方や業界の動向はどうなっていくか」など。すると、たいてい、面談することを承知してくれます。

また、新聞で人材募集をしている会社については、次のようなアプローチも効果的です。

ある会社で「営業を募集」していたので私はすぐに電話をし、

「本日の河北新報を拝見しました。人材募集されているようですが、野村の人材育成について社長にお話ししたいのです。社長とアポイントを取っていただけますか？」と話すのです。

なぜ「野村の人材育成」か？

言わずと知れる厳しい野村。「野村の人材育成」のキーワードを発するだけで、一体どんな育成をしているのか、大体の人事担当者だったら一度聞いてみたいものですから、

「ちょっと1回、社長に話す前に、私のところに来てくれないか」

となるのです。

いかに野村が厳しい人材教育をやっているか、私みたいな者ばかりですから、ということをお話しに行くのです。この面談がきっかけで、社長とつながることができ、今度は営業マンとして社長に人材育成の課題提示をさせてもらいました。

このように、新聞の情報から営業先が探し出せれば面談まであと一息なのです。

毎日の新聞を漫然と見るのと、「有力な情報はないか」、と見るのとでは数ヵ月の間でも、営業の結果に差が出ます。

河北新報については、その日のトピックスにとどまらず目を皿にして読み込みま

した。なんといっても地方のネタの宝庫ですから。野村證券仙台支店の支店長や社員が読み終わった後に、まとめて切り抜きをして日曜日にノートに貼っておくのです。

すると、月曜日に「どこに電話したらいいかな」と迷っている先輩を横目に、私は次から次へと忙しく電話をして訪問のアポイントが決まるというわけです。

私は、いきなり「株を買ってください」と電話をかけることはありませんでした。

営業マンは、買ってもらうのが仕事ではなく、問題提示をしてお客様の悩みに答えていくのが仕事ですから。

1枚の名刺が1億円に結びつくとき

名刺は、只の紙切れ1枚かもしれませんが、これまでに大切な人とつながった例は枚挙にいとまがありません。

名刺はその人の分身です。その人そのものとして名刺を大切に扱っていれば、宝探しのようなことも起きてくるのです。

大宮西口支店のとき、ターゲット先を富裕層に絞っていたことは前述した通りです。

ある日、埼玉県経営者協会の出席者リストを見ると、地元の銀行の頭取や、上場会社のトップ、埼玉県でステイタスの高い経営者がズラリと名を連ねていました。このリストを見たら、なんとしてでも、全員、大宮西口のお客様にしたいと思ったほどです。

残念ながら、当時の私の肩書きは次席なのでその会合の中に入れません。その会合には支店長以上しか出入りできないことになっていました。

そこで、私は支店長に、

「支店長、申し訳ありませんが経営者協会の会合に行ってください。行って名刺交換をするだけで結構です。行ってこられたら名刺をコピーして翌朝、私にいただけないでしょうか」

と頼みました。

支店長は社交の場に出かけるのが嫌いな人でしたが、私の熱心な依頼に重い腰を上げて会合に顔を出してくれました。

会合の翌日、私は**支店長からいただいた名刺のコピーをベースに、片っ端から電話をかけていきました。**

「昨日はありがとうございます。大宮西口の支店長が名刺交換させていただきました。私、支店長の下で営業統括をしている責任者の市村でございます。実は支店長より、社長に、今後の日本経済の見通しについて、野村総合研究所の資料で説明をしてこいと命ぜられました。大変恐縮ですが……」

といって電話をします。すると、社長と100％アポイントが取れました。野村総合研究所のレポートうんぬんより、とにかく社長のところに会いに行くのが目的なので大成功です。

早速、私は社長のところへ行って、日本経済のトレンドなどをお伝えし、何か応援させていただくことはないか聞きました。

社長は、

「君はよく勉強してるね」

などと言ってくださるものですから、その勢いで、社長がどこで資産を運用されているかを聞き出して、今度は、相手社長の投資銘柄について野村総合研究所のアナリストレポートをお持ちするといって再度会う約束をしたのです。

こうやって、経営者協会の148名の外交を一気にスタートしましたら、次から次へと芋づる式に契約が決まるので「うぉーっ」と部下たちのモチベーションが上がっていくのがわかりました。

それからというもの、埼玉の奥地まで無駄な営業にまわっていた社員もターゲットを店周《てんしゅう》に絞り込んで名刺集めをするようになりました。

私が赴任し、大宮西口支店で立てた4ヵ月後に1億の収入を築き上げるという計画は、社員全員が1枚の名刺の重みを知り、1枚を大事にする習慣から生まれていったことなのです。

集めた名刺は数字に結びつけるように管理せよ

いただいた名刺は、**帝国データバンク等で調べた後、その会社のデータを入力し、パソコン上に保存**します。資本金や創立年度、役員、株主などを名刺と一緒にデータ化しておけば会社の創立記念日や社長の誕生日などの情報が一発検索でき、周年記念にメッセージをつけて花を贈ることなどができます。もちろん、贈った花や進物のデータも入力しておくのでダブらないようになっています。

また、**名刺はお会いした日付ごとにすべてコピーを取る**ことにしています。会社には日付を見ると私が出会った人の名刺がすべてコピーで見られるようになった冊子もあります。

現在弊社では、名刺をスキャンして管理するシステムを導入したことで、人事異動や昇進など常に最新の情報をアップデートすることができるようになっています。

お客様が昇進したら、すかさずお祝いの花を贈る。間違った役職などに贈るようだったら、贈らないほうがましですから管理が重要です。

休日に床屋へ行くときも名刺は持っていく

私は休みの日だろうと、散歩のときだろうと、床屋に行くときでさえ名刺を持って出掛けます。財布の中、車の中、セカンドバッグの中、ポケットの中、どこにでも名刺が入っているのです。よく、プライベートで会ったとき、「今日は名刺を持ってきていないんですよ」という人がいますが、これではビジネスパーソンとして失格。**いつどこでビジネスチャンスと遭遇するかわからないのですから、名刺は肌身離さず持っているべき**です。

ついでに申し上げると、**久しぶりに会った人にも名刺は必ず渡す**こと。以前に名刺交換はしていても、部署が変わっていたり、自分の名刺を失くされている可能性だってあります。

「少し変わった部分がありますのでお渡ししておきます」と、積極的にＰＲして損することは何もありません。

成約に近づく会社案内・ホームページのチェックポイント

私は法人オーナーに営業する前に必ずホームページをチェックし、帝国データバンク等で企業情報を確認します。そして、訪問時に会社案内をもらって帰ります。以下、項目別に読み取れる情報の具体例を挙げてみました。これらからさまざまな企業ニーズが読み取れますので、提案書を作成するときに利用してください。

業種‥・業種特有のお金の流れ・社長の職業的志向パターン（小さなロットの商売はお金に厳しい等）・従たる事業にも注目（不動産賃貸は保有資産が多い）

創業‥・資産の蓄積状況・相続経験の有無・社長が創業者かどうかの判定・保守性の度合い

設立‥・会社としての含み資産の蓄積状況・自己資本の蓄積状況・〇〇周年の企業の節目（記念事業としての公開決断、従業員持株制度の導入等、重大な経営判断を行うことが多い）

系列：・この欄に持株会社の名称が載っていることがある・オーナー企業かどうかの判定

従業員：・従業員持株制度の提言

資本金：・5億以上の会社は、商法監査を義務づけられている・資本金が1億を超えている場合は、公開に向けての資本政策を実施している可能性がある・資本金に端数がある場合は、第三者割当増資が行われた可能性がある

売上：・売上の総額と伸び率が重要・下請け企業で加工手数料だけを売上に計上しているケースもある

利益：・税引後利益（純利益）を表示・申告所得との割合が小さい場合は交際費が多い会社がほとんど（損金にならない費用が多い会社→益金にならない収益＝投信の益金の不参入の提言）

資本構成：・自己資本比率を表示・自己資本の多い会社は株価が高い

申告所得：・急激な増減に注意（特別損益の発生）

取引銀行：・情報の入り方の目安（メガバンクと取引のない会社は新しいノウハウと県外の情報に飢えている）

役員‥・後継者の有無・会長の存在・社長夫人の役割
株主数‥・株主数が多い場合は、従業員や取引先に株式を分散している→買取請求の危険性→従業員持株制度の設立
大株主‥・相続対策の提言・女性の大株主は、先代の未亡人のケースが多い・経営者以外の有力者の有無
取引先‥・ビジネスマッチングへのヒント
事業所‥・地方の会社でも東京に不動産を所有していることがある
代表者‥・年齢（65歳を迎える社長に事業承継対策）・創業か二代目かの判定・出身校

営業トークは3割、7割はお客様の話を聞け

下手な営業マンほどベラベラしゃべるのですが、五流だな、と思いますね。

まずは、会って、ひたすら相手の話を聞くことです。自分が話すのではなく、相手の話を聞くことから営業は始まります。**「話す」と「聞く」の割合は3：7くらい。**

それも電話ではなく直接会うことがとても大切です。

同じ空間で同じ空気を吸って、相手の目や表情を見ながら話を聞く。聞けば聞くほど、相手はどんどんビジネスのヒントをしゃべってくれます。

会話に織り込む言葉（セリフ）は5つのステップで繰り返すことで効果がアップします。現在の、『ファーストヴィレッジ』の営業マンの面談を例に取って考えてみましょう。

事前に、お客様の悩みや課題が浮き彫りになる言葉とは何か、考えておいてください。

Step1.（雑談）

お客様に提言を聞いてもらいやすくするための下地づくり・雰囲気づくり。5〜6分した後、

↓

Step2.（質問）

営業マン「お客様の扱う商材は最近どうですか？　テレビなどでも話題ですね」などと、まず、相手が興味のあることから聞いていく。

お客様「○○だと思うよ」

営業マン「なぜでしょう？」

お客様「こんな経験があったからね」

営業マン「そうですか、そんなことがあったんですか。大変でしたね」

と共感します。すると相手も話に乗ってきて、さまざまな話をしてくれます。一気に自慢話を始める社長もいます。

↓

Step3.（本題）

いよいよこちらからの話をする。

営業マン「では、そのように大きな夢があるのなら資金がいりますね」

という話になって、資金調達のニーズがあることがわかります。

お客様「こんな事業がやりたいんだが、それを推進してくれる部下がいない」

という話になれば、ヘッドハンティングのニーズがあるんだなという判断もできます。

↓

そこで、

Step4.（提言）

営業マン「資金調達のニーズ」や「ヘッドハンティング」について説明する。「〜しましょう」と具体的に提言をします。相手から質問があれば、受け答えをします。

↓

Step5.（次回約束）

提言が終わった段階で「それではひとつご検討願います。また、ご連絡させていただきます」と言って、2回目の面談の日にちを決めます。

このとき、**2回目の面談の日にちは「いつあいていますか？」ではなく、「来週のこの時間によろしいですか？」とまず聞きます。**

そうすれば、必ずお客様は手帳を出して予定を見るでしょう。もし、お客様から「この日」と言われ、もしすでに予定が入っていたとしても、今日のほうが優先順位が上であれば、「あいています！」とすぐに返してください。

2回目の面談が決まったら、サッと帰ります。この**すぐに帰るところが大切であり、提言の後に、また雑談に戻ると雑談がお客様の頭にメインに残ってしまうので注意しましょう。**提言が済んだら、さわやかに退散します。

Ｓｔｅｐ1から2までの7割でお客様のお話をじっくり聞き、Ｓｔｅｐ3と4で営業マンとしての話を3割聞いてもらうのが営業トークの黄金分割でしょう。聞くことができなければ、ニーズを知ることなどできません。

お客様の話を聞いて、望みは何か、解決するのが営業の本来の姿ですから、自分の商品を売り込むより、まず相手の願いをかなえてあげるほうが先です。

名医といわれる医者や、腕がいい医者というのは、まず、患者の話を親身になっ

て聞いて答えてくれるものです。患者というのは、レントゲンや検査結果の説明だけではダメで、自分の話を聞いて、

「では、一緒にがんばりましょうね」

と言ってくれるのを望んでいます。

営業マンも名医も同じようにならないといけないのです。名医になる条件は問診がうまいこと、これに尽きます。

クロージングは4つの問いかけで決める！

2回目の面談では、次はいよいよ商談の最終局面であるクロージングまで持っていかねばなりません。**営業においてクロージングとは「お客様に決断を迫ること」**に尽きます。弊社は、『4つの問いかけ』を経て円滑な契約をします（92ページ参照）。

Step1．（状況質問）

現場の状況を聞き出して、お客様に「やはりこういうことですよね？」と投げか

けます。お客様から一方的に情報収集するため、「いくつか教えていただきたいのですが、よろしいでしょうか」とまずお客様の承諾を得ます。事前に調べられることは、ネット、会社案内などで、調べておくとスムーズです。

Step2.（問題質問）

相手の不満を聞き、「であれば○○ですよね？」と課題を抽出していきます。お客様の問題や障害を質問によってお客様に意識してもらいます。

Step3.（示唆質問）

これが、この質問の本質部分ですが、先の問題質問で明確になった問題・障害が、将来どのような影響をお客様に及ぼすかを、「そうすると、○○ですよね？」とお客様に意識してもらい、隠れたニーズに気づいていただきます。

Step4.（解決質問）

お客様が気づいた問題解決をイメージでき、お客様の口から語ってもらうための質問です。「でしたら、〇〇が解決したら、このように仕事がやりやすくなりますか?」。

示唆質問で気づいた潜在ニーズ＝問題に対して、不安な気持ちを抱いている顧客に、それが解決したときの気持ちを語ることで、お金を払ってでも解決したいと強く思ってもらえるようになります。

つまり、クロージングの言葉があるのではなくて、それぞれに合わせてやっていかないといけません。**質問によりお客様に自らニーズを意識してもらうように仕向けることがクロージングでは大事なのです。**

ところで、「4つの問いかけ」をする前の**準備段取りとして、『予算』『決定権者』『ニーズ』『時期』がわかっていないと、高い確率でクロージングが決まりません。**

この4つもしっかりと押さえておきましょう。

〔資金や予算〕：これは、受注する上で最も必要な情報です。早い段階で「このお客様は自社の商品・サービスを購入する資金や予算があるか」把握し、それに沿った対応をする必要があります。

〈**キーパーソンや決定権者**〉：お客様が意思決定をする際に最も影響力のある方を把握します。「このお客様はキーパーソンや決定権者か？　またはキーパーソンや決定権者に会えるか？」、これを把握した上で、その方の考え方や好みに沿って対応することは、営業上の成否に大きく影響します。

〈**ニーズ**〉：「お客様が抱えている問題点を解決する具体的な手段であるかどうか？」と考えます。

〈**導入時期**〉：私たち営業マンは、決められた期間中に目標金額を達成することが求められていますので、その案件がかなり先であったり、時期が未定であれば、必然的に優先順位は下がります。

クロージングが**決まらなかったら、なぜダメだったのかを分析する。「肩書きが足りないのか」「セールストークがダメだったのか……」**。自分が足りないところは、役職が上の人の助けを受け、同行してもらって決めてください。役者を全部そろえて相手が安心するシチュエーションをつくってクロージングに臨んでみましょう。

円滑なクロージングのためには「4つの問いかけ」を！

Step 1 **状況質問**	**現場での状況を聞き出す** 例「やはり○○ですよね？」
Step 2 **問題質問**	**お客様の不満を聞き、課題を抽出する** 例「であれば、○○ですよね？」
Step 3 **示唆質問**	**潜在ニーズを顕在化させる** 例「そうすると、○○ですよね？」
Step 4 **解決質問**	**問題解決後をイメージさせ商品ニーズを明確化する** 例「でしたら、その問題は○○することで○○ですね」

商品知識より顧客の心をわしづかみにする話

営業マンは、お客様の役に立つことであれば、商品やサービスの枠を越えてお手伝いをすべきです。「この商品は役立つ」、ではなく、「この営業マンの話はなんだか役立つ」になったらしめたものです。

私は野村時代、初めて株を購入するお客様には「証券」の話ではなく、「東インド会社設立」の話をしてきました。

それは、「株式を使ってお金を集める」というアイディアが17世紀の大航海時代にできたという話です。いろいろな説がありますが、世界初の株式会社とされる東インド会社がつくられた時代は、オランダやイギリス、そのほかヨーロッパの強国たちが、船で大海を航海して植民地を手に入れていった時代です。

当時は、航海に成功してアジアに無事たどり着き、アジアの香辛料をヨーロッパに持って帰れば、莫大な利益が得られました。ですが、船を造るには、巨額のお金が必要だったし、航海の途中で難破したり、海賊に襲われたりと、危険が常につきまといます。せっかく大金をつぎ込んでも、まったく利益にならないかもしれなかったわけです。

そこで、もし船が災難に遭ったとしても、お金を出した人の一人ひとりの損失をできるだけ小さくできるよう、少数の人がお金を出すのではなく、大勢で出し合おうという考えが出てきたのです。夢の実現のためには、皆でお金を出し合っていかねばならないし、設計図も作らないといけません。

これが、株式投資ということであり、設計図は事業計画みたいなものなのだ、と**商品の成り立ち話をすると、お客様もワクワクしてくるのです。**

さらに私たち証券会社の仕事は、「東インド会社をつくるというのを、応援していく仕事です」、と話します。

「リスクマネーの担い手がどこかにいませんか」、と、くまなく外交するのが仕事であり、そもそも、「証券マンはリスクのあるものに投資をしてくれる人を探してくる仕事なのです」と。

お客様を引き込む話ができるように準備を

あなたも、あなたの会社の成り立ちや、社会的意義を語っていますか？　どの会社の社長も理念を掲げていると思います。そこには、「商品を買ってもらうことが理念」だなんて書いてないと思います。**社長がどのような気持ちで会社をつくったのか、その熱い思いを、あなたの言葉に代えてお客様に話してみる**のです。それは、商品との出合いであったり、商品への思いであったり、会社を興すきっかけであったりと、いろいろなストーリーがあるはずです。

お客様はこれまで知らなかった話を聞いたり、おもしろい話題に触れることであなたをもっと身近に感じることでしょう。まずは、「あの営業マンの話が聞きたい」と思ってもらえる人間になっていきたいですね。

会議、打ち合わせは営業時間外に終わらせる

会議や打ち合わせばかりしている会社があります。特に大企業になるほど多いよ

うですが、営業マンにとって、**朝の9時までにすべての段取りや打ち合わせが終わっていないとスタートに出遅れます。**

営業マンはすべて外交営業優先です。

弊社でも、営業ミーティングをするのはピッチリ朝9時まで。昼間にどうしても打ち合わせが必要なときは立ち食いそば屋で食べながらやるくらいのものです。

あなたの会社の打ち合わせは誰のため？　なんのためにやっていますか？　お客様のためではなく、上司の顔を見ながらやっていませんか？　それはとんでもないことですね。

綿密なその日の段取りミーティングならまだしも、打ち合わせと称した、意味のない報告や雑談だけの会議なら改善を図る必要があります。

私は朝の打ち合わせで、業務連絡以外に何を見ているか？　それは**部下の顔色と、営業外交の予定が入っているか入っていないか、1ヵ月後に入っているか入ってい**

ないか、それだけを見ています。入っていなかったら、リーダーが動いてその社員の指導をしなければなりません。

まだ新人で、いろいろと上司に質問がある場合は就業外時間かメールで。自分の時間よりもお客様を優先することが大切なのです。

会議をやっていると、さも仕事をしているような錯覚に陥ってしまいます。会議をかけもちしたり、何時間も会議をしたりすると、ものすごく仕事をしたような気持ちすら感じるのです。

ですが、会議そのものは何も生みません。その時間があれば、1分でも2分でも営業に出ているほうがまし。

9時から夕方6時は試合時間中。相手の会社は経済活動を営んでいるのだから、その時間に営業マンが動かないでどうしますか。9時までは、スポーツの試合前にたとえるなら事前ストレッチや靴のひもをチェックする時間。それなしに、9時から試合に出る人がいますか？

大企業病にかかると仕事をしているフリ、ツモリ、仕事をしているマネで1日をやりすごしてしまうことがあります。組織が大きくなればなるほど「自分一人ぐらい神輿にぶらさがっていても大丈夫、つぶれやしない」と思ってしまうのでしょう。その感覚を捨て、**平社員でも組織全体で数字を上げていくんだと思う**ところに、大きな成果を出せるポイントがあります。

次の利益につながる、賢いクレーム対策法

商材を売ってクレームがきたりすると、思わず逃げ出したくなることもあるでしょう。ですが、リサーチに基づいた商品提案をしているのであれば、そこには純然たる根拠があると言いたいのです。ミスをしたのならともかく、**クレームであれば、もう一度、お客様の前で正々堂々とあなたがすすめた根拠を話してください。**

たとえば、証券会社であれば、自分たちの販売している株や、すすめている投資商品がすべて調査に基づいているということを伝えます。一時的に評価上の損失が出ても会社の将来性についてすべてきっちりとしたリサーチがもとになっているこ

とを忘れてはいけません。決して、「そのうち上がると信じてください」などという感覚的なことは言ってはいけません。

新人の頃、1日で6000万円の投資信託を集めるノルマを課せられたことがありました。困り果てていたときに、ふとあるお客様を思い出して営業に行きました。そのとき私は「年15%でまわっている」という過去の実績の説明をして、即金で入れていただきましたが、1年たつとダウ平均が下がってしまい、評価上元本割れしマイナス15%に。つまり、お客様に大損をさせている状況になってしまったのです。私は3年置いていただくように言っていましたが、1年たって元本割れの状況のところでお客様から怒りの電話がきました。

お客様に会いに行くと、そのまま宮城県の海岸に連れていかれ、クルーザーに乗せられるといきなり沖まで連れていかれました。

裸になったお客様の背中には見事な彫り物がありました。「まさか、その筋の人だったのか……」とのけぞりました。そんな私を見て、お客様は低い声でこう言いました。「この網に入れて、海の中を引っ張れば、魚のエサになって跡形もなくなるんだぞ」。

何回謝ったかしれません。はいつくばるようにお願いをして、クルーザーからやっと降ろしてもらいました。

私はこの一件をなんとか収めなければと、帰社して上司に頼み込みましたが「おまえがやったことだろ」と皆逃げてしまいました。


そこで、お客様の奥様のところへ行き、事の顚末を話してご夫婦をお詫びの食事に招待することにしました。このとき、新婚の妻を連れていったのが功を奏しました。何も知らない妻は、お客様と楽しく食事をし、食事の後に行ったクラブではくだんのお客様とデュエットまで始めてしまう。

帰りがけに、お客様は「おまえもいい度胸しているな。こんないいかみさんもらったんだから、あこぎな商売してちゃダメだぞ」と。

私は、お客様と別れたとたん、生垣に顔を突っ込んで飲み食いしたものを全部吐いてしまいました。

ともかく、お客様から逃げず、全身全霊で立ち向かえば相手はわかってくれるのだという教訓になりました。

結局、このお客様の投資信託は食事会の1年後に暴騰して15%どころか30%も値上がりし、お客様は大喜びしました。しかし、現在では反社会的勢力の方との取引は、厳禁であるのは言うまでもありません。

このエピソードはクレームの中でも極端な例かもしれませんが、本来ならばクレーマーは歓迎すべきなのです。

クレームは顧客ニーズの裏返しですから。**お客様が自社の欠点を指摘してくれるということは、今後の対策を考えることができる**のです。

営業マンに問題があるのなら、営業方法を見直すチャンス。商品に原因があるのなら、製造や商品開発を改善すればいいし、新商品開発のヒントにもなります。**クレームに対しては会社側として常に危機感を持って、周到な対策を用意し、お客様の要望に直ちに応えられる体制をつくっておく**ことです。

クレームをつけてくれるということは、営業マンや会社や商品にまだ可能性や期待を持っているという証しなのですから。

行き詰まったら現場と基本所作に戻れ

壁にぶちあたったときこそ、〝ゼロの場所〟、つまり原点に戻ることです。自分を見失いそうなときには、そこでリセットすることも必要です。

私も行き詰まると、新人の頃過ごした仙台支店のある青葉の街に行くのです。いまや新ビルとして一新した野村證券・仙台支店。懐かしい風景の中で呼吸をすると、右も左もわからずに無我夢中だった当時の記憶がよみがえってきます。私のような若造を温かく迎え入れ、支えてくれた仙台の方々に対する感謝の念が湧いてくるのです。お客様もなく、お金もなく、人に支えられてきたのが仙台支店時代なのだと、身が引き締まります。

人間的、社会的に私を鍛えてくれたのが、仙台の方々。33年前の自分があって、今の自分がいる。「人との出会いが宝物」。そう思えてなりません。すると、「やらないで後悔するより、やって後悔したほうがいい。しょせん、失ってもゼロなんだ」と、若造の自分が今の自分を応援する声が聞こえてきます。自信をなくし、孤独感に陥っても、昔の自分に励まされてリセットして東京に戻ります。

ＪＡＬの再生をした稲盛和夫さん（京セラ、ＫＤＤＩを創業し、日本航空では会社更生法の適用から2年で営業利益２０００億円というV字回復をやってのけた、稀代の名経営者）も、現場に出ていって社員のマナーを見たり、現場のお客様に会って耳を傾け、ＪＡＬの現場で何が行われているかを省みたそうです。本社だけでなく子会社ともコミュニケーションを取って改善に取り組んだのです。

営業もこれと同じで、**行き詰まったら、とにかく現場に出て、お客様に会って、ひたすら相手の話を聞く**ということ。

営業の本質をもう一度確認して欲しいですね。**外交、訪問、電話。あるいはカウンター接客をしてお客様をつくり、資金を導入することが営業の源**ではないですか。

お客様に手紙を書いたり、アナリストから情報を取ったり、勉強会に参加することは営業の本質を行うための補助的な手段でしかないことを肝に銘じてください。

「外交しないことには」「電話をしないことには」「実際に買ってもらわないことには」、何も始まりません。

今日やったことは30分刻みに記録せよ

私はメモ魔です。どこでもいつでもおもしろいものを見たり聞いたりすると書きたくなってしまうのです。今回は、一番便利に使っている〝三種の神器〟のノートをお教えしましょう。

①30分刻みに行動記録を書いていく『ビジネスダイアリー』
②心に響いた言葉を記録する『備忘録』
③お客様のことを詳しく書いておく『外交ノート』

10年前の今日会った人がわかる『ビジネスダイアリー』

まず最初に①30分刻みに行動記録を書いていく『ビジネスダイアリー』（110ページ参照）について。

私は、10年前の今日会った人が全部わかります。それは、野村證券に入社してから今日まで『ビジネスダイアリー』に30分刻みの行動を書いているからです。今年でなんと33冊目。人との付き合いを大事にしようと思ったらこうなってしまいました。

会った人をメモするだけでなく、何を話したかも書いてありますので、10年後に再び会うとなっても、まるで昨日の話の続きから始められます。

そのメモはあえて要約しないで、自分でおもしろいな、と思ったことを書いておく。これが私の書き方です。場合によっては、相手のセリフを丸写しするときもあります。

1日が終わって、「今日1日無事でよかったね」と思うようではダメなのです。もちろん、毎日平穏無事に過ごすことは大切なことですが、こと仕事では停滞を意味することもあります。

日々、新たな問題に出合い、変化していくことが大切なのです。

気がついたら「まぁいいか」と忘れるのではなく「なぜ？」と反省する。『ビジネスダイアリー』を書いていくことは、そこに進歩のヒントがあるからです。

そのためにも、時間軸が区切られた手帳に30分刻みに書いていく。たとえば、外交先からいただいた宿題のこと、社内で決まったこと、打ち合わせ内容などすべての事象をありのままメモしていきます。小さな無駄も毎日見つかります。

より鮮明に、**その日のうちに記録することを毎日の習慣にします。これをやることで、察知したことを即アクションにつなげられる人になります。**

本来、商談であれば、お客様の反応が予測した通りでなくともお客様が欲していることを素早く察知してその都度、一番適切な言葉を選ぶことや行動で示すことが望ましいのです。ですが、なかなか経験がいること。30分刻みに書くのは、それをするためのトレーニングと考えたらよいかもしれません。

メモ魔の私の『備忘録』には何が書いてあるか

次に、②心に響いた言葉を記録する『備忘録』。

野村證券の新人時代に、

「市村、いい言葉があったら、ノートに書いとくといいぞ」

という先輩の言葉が始まりで書き始めた『備忘録』。

たとえば、それはお客様のことだけではありません。新聞から、本から、テレビから、外の看板から、飲み屋の女将さんが言っていたことなど、**ビンビン心に響いたことを、まずなんでもいいのでメモに走り書きをしておきます。**ノートがなければその辺の箸袋やコースターだってかまいません。

これを、**その都度、小さな手帳『備忘録』に清書するのです。**

30年前の『備忘録』を見ると、くだらない会食の席の「一気飲みの掛け声」まで書いてあります。また、あるときは、部下の育成に悩んでいたのか、ある上司から受けた育成についてのフレーズなどが連なって書いてあります。

これら『備忘録』はいまだに続けているので、ときどき見返してはいいフレーズを講演会やセミナーのときに使っています。

『外交ノート』は営業現場で起きたことを詳細に記録する

そして、3番目に③お客様のことを詳しく書いておく『外交ノート』について。

ノートがたくさんありすぎるとお思いかもしれませんが、ビジネスで結果を出していくためには、ツメるところは徹底的にツメて細かく管理していくことが重要なのです。

『外交ノート』は、外交先で社長が話した内容、外交先で依頼された内容をディティールにわたって書くものです。営業現場で起きたことをできるだけ正確に書くことで、仕事の獲得につながることが多いのです。

何ごとも、経験が浅いうちは、外交先の発言の意味が汲み取れず、瞬間的には理解できないことがあるものです、そして、そのうち忘れてしまう。しかし、**書けば手が覚えているもので「これと同じケースを経験したな」「前にも聞いたことがあるぞ」と以前のノートをひもとくと理解不足だった過去と現在がカチッとつながって知識がさらに深まっていく**のです。

そうやって読み返すとき、意外にも枝葉の部分にこそ、外交先の社長のメッセージや気持ちなどお客様の真意が表れていることに気がつくのです。

どうしたら売れるかというヒントや答えは、自分とお客様とのやり取りの中にあることがわかってきます。

これら〝三種の神器〟は、私にとってなくてはならない営業ツールです。

なぜ、こんな素朴な、しかも「書く」という方法で効果が表れたのでしょう。

ポイントは、**一旦何かに走り書きしたものを整理してきれいに清書することに**あります。ときどき見返すためには、きれいに整理されていなければ価値がないですし、書き直すことで頭が整理されて、数字につながる情報や答えが見えてきます。**聞いたこと、頭の中で考えたことは最低でも1回はアウトプットしておかないと忘れやすいもの。**人間は1時間後に70％忘れ、翌日は5％しか覚えていないのです。

整理ができる人は仕事もできるのは間違いないのです。常に頭の中が整理されているので、何がどこにあるか、いつまでに何をしたらいいかわかっているためミスがないし、時短でなんでも仕上げてしまいます。

手帳に30分刻みで出来事を書けば、ミスが激減

毎日の活動も書く
→「朝会」

アポイントを取った方と面談→「〇〇株式会社 〇〇社長と面談」

事務連絡事項も書いておく→「〇〇株式会社施工式お祝い手配」

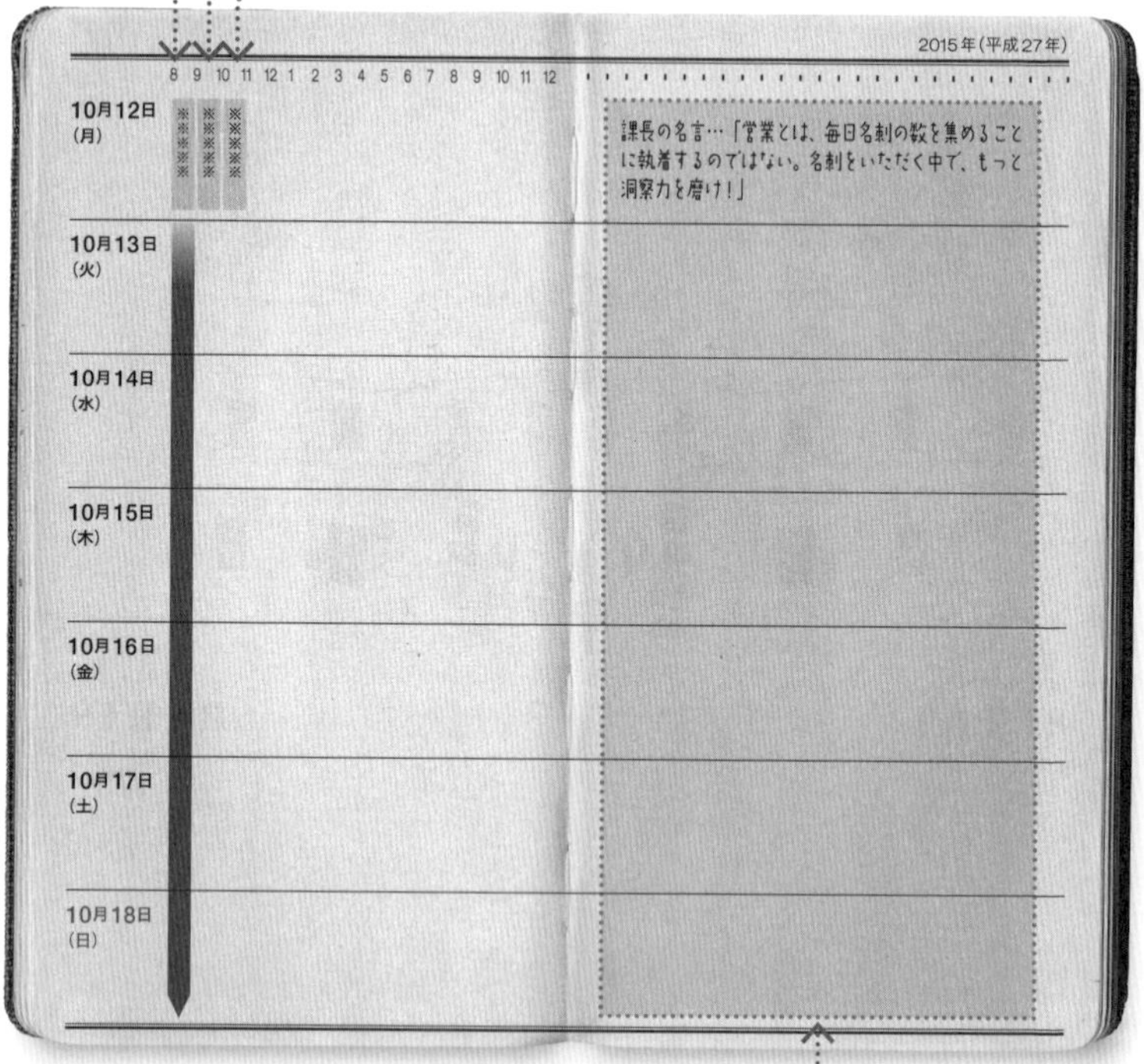

日記として使う
人は、1時間後に70%は忘れている。
そして、次の日5%しか覚えていない。
だから、すぐに、出来事をメモする。

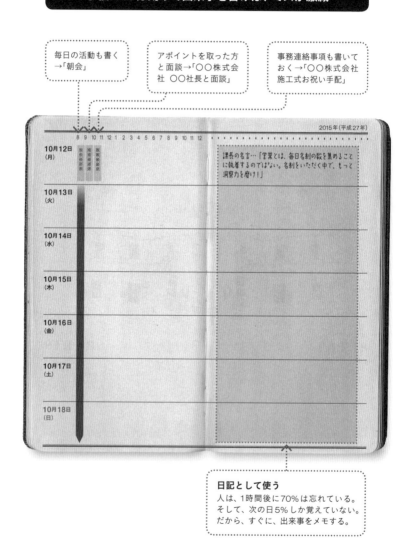

『日報』は明日の分まで書くから成果になる

弊社では、『日報』は必ずその日に記入して『明日の外交計画』を作成してから帰るようにしています。113ページをご覧いただくとわかるように、紙1枚で今日の分と翌日分を書けるようになっているのは、仕事はすべて連続して起きているからです。

あなたも営業マンとして日々、報告書を書いていることでしょう。報告書を書く目的は実際の現場を見ていない人に対してなんらかの判断を仰ぐためでもあります。それなのに、都合の悪いことを省いたり、何かを強調したり、書いていくうちに飾りつくろって立派に見せようとしている人がいますが、これでは意味がないのです。落ち着いて1日を振り返り反省する時間が日報を書くときの気分かもしれません。

私は毎日『日報』をチェックするとき、社員が逡巡していることや、もがいていることを行間から読み取っています。淡々と業務報告を書く社員より、悩んでうまくいっていないことが書いてある社員のほうが、実は伸びていくのです。

なぜならば、「こう書くと上司に突っ込まれるだろうな」と上司の反応を予想しながら、無難に作文すると、反省や改善がなくなります。

そうならないためにも、先述した30分刻みで書く『ビジネスダイアリー』（110ページ参照）を役立てて、リアルに書いていくことをおすすめします。

明日の営業予定も日報の一環として今日中に書いてしまうのは、翌日の朝来て「今日どうしたらいいか」では遅いからです。

よく、高校生のときに古文や英語の授業で予習をしないで授業に出て当てられて恥ずかしい思いをしたものです。それこそ、好きな女の子がクラスにいたら、「あの人頭悪いのかしら」と思われるのが嫌で、授業を休むのが関の山。

明日の予定表を書くポイントは、翌朝に迷いなく始められるよう、前の日に何をするか決めておくことです。

あなたは、今日の計画を立てているだけで午前中全部つぶれてしまっていませんか？　前の日にやっておくだけで効率が違うことに気がつくでしょう。

日報を書くとき、最後に忘れてはならないのが、数値的目標を記述することです。今月の自分の予算が今いくらまで到達しているか。1日が終わったときに、自分のやったことは「成功だったか、失敗だったか」の指針にしていきます。

翌朝ダッシュのため、日報には明日の予定も書く

営業報告書【自分の名前】2015/7/15(←当日の日付)

時刻	行動	顧客名	面談内容
7:00			
8:00	朝会		(朝の全体朝礼の感想や決意など)
9:00			
10:00	訪問①	①(企業名) (相手の名前)	(面談内容の記載。企業情報や相手のプロフィールや今後の展望など。何をどうオファーし、相手がどう返事をしたのか、いつ回答なのか、面談結果など記載)
11:00	テレアポ		
12:00			
13:00	訪問②	②(企業名) (相手の名前)	同上
14:00	テレアポ		
15:00	訪問③リスケ テレアポ		
16:00	テレアポ		
17:00	契約書作成対応		アポ(アポが入った企業名、相手の名前)
18:00	テレアポ		
19:00	営業報告書作成		
20:00			
21:00			【マッチング】

【7月度】998,050円　【通期】9,827,750円/24,000,000円

今月度の自分の数字

通期予算のうちいくら達成しているか／通期予算

2015/7/16(←次の日の日付)

時刻	行動	顧客名	面談内容
7:00			
8:00	朝会		
9:00			
10:00	訪問①	①(企業名) (相手の名前)	テレアポ(アポが取れた方法と、面談で何をオファーするのかの内容)
11:00			
12:00			
13:00	訪問②	②(企業名) (相手の名前)	同上
14:00			
15:00	訪問③	③(企業名) (相手の名前)	○○(株)××様の紹介(紹介されて会う人の場合は誰の紹介で会うのかを記載)
16:00			
17:00		テレアポ	
18:00			
19:00			
20:00			
21:00			

大公開！Ａ３一枚で落とす提案書の書き方

私が指導してきた提案書は、紙１枚でひと目で何が言いたいかわかるものです。分厚い提案書を作っても、お客様に全部に目を通していただくことは負担です。１枚であれば見ようという気になっていただけるのです。

たとえば、Ａ３サイズであれば、図表やグラフ、イメージ写真、テーマ項目ごとに囲みを作っても余裕がある大きさです。

提案書に書くべきテーマは大きく分けて５つ。

①目的

②課題

③現状分析

④対策＆提案

⑤スケジュール＆見積もり

提案書というのは、提案するその会社の情報をできる限り収集して理解しているかどうかがほぼすべてです。以下、『ファーストヴィレッジ』の提案書を参考にしてください（１１７ページ参照）。

①目的：営業先の「ここに問題があるのではないか」、と思った部分を、『中期経営計画達成に向けて』など標語にして、その会社の「こうあるべき」を、しっかり出します。

②課題：営業先の「問題箇所」を項目出しして明確にします。

③現状分析：会社四季報、有価証券報告書、ホームページなどを見れば今後の経営課題が読み取れるはずです。たとえば、人材育成に悩んでいるとわかっていたら、その部分を現状分析します。提案する会社への敬意を表するためにも、その会社のいい部分も書いていきます。

④対策&提案：弊社の場合は、弊社が開催する『経営者合宿』にご参加いただいたり、『講演会実施』『コンサルテーション』を提案することで、相手企業の問題解決ができることを訴求します。

だいたいここまでに3分の2のスペースを使います。

その後、3分の1のスペースで弊社の提案はどういうものかを披露。その実績などを書いて、「うちの研修を受ければ人材育成もこう解決していきます」という事例を紹介します。

⑤スケジュール&見積もり：「値段はおいおい……」などとやらずに、このサービスのスケジュール提案と見積もりを端的に示すことでク

ロージングが早くなります。

提案書全体は、その会社のコーポレートカラーなどを意識してフォント（文字）選びをしていくとよいでしょう。

自分の考えだけをひたすら訴えるような提案書は読まれません。重要なのは「お客様の知りたいことは何か？」です。それを無視して自分が伝えたい情報だけを載せても相手の心を動かすことはできません。お客様にどう反応してもらいたいのか？　期待する反応をしてもらうための提案書になるように工夫を凝らしましょう。

読んでわかるものではなく、見てわかるものにしていくのがポイントです。

書式は、社内の誰がお客様に持っていっても同じになるように雛型を作っておきます。新人は提案書作成を丸投げされても、慣れていないので雛型を作るだけでも時間がかかってしまいます。

たとえば、組織の中に、提案書の成功例があるのなら、それを他の社員にも真似してもらえばよいでしょう。

成功プロセスを自分だけのものにしているようだと、自分が本当に困ったときに情報が入ってこないようになります。情報というのは開示することでくるくる循環していくのです。

1枚で「相手の心に刺さる」提案書の書き方

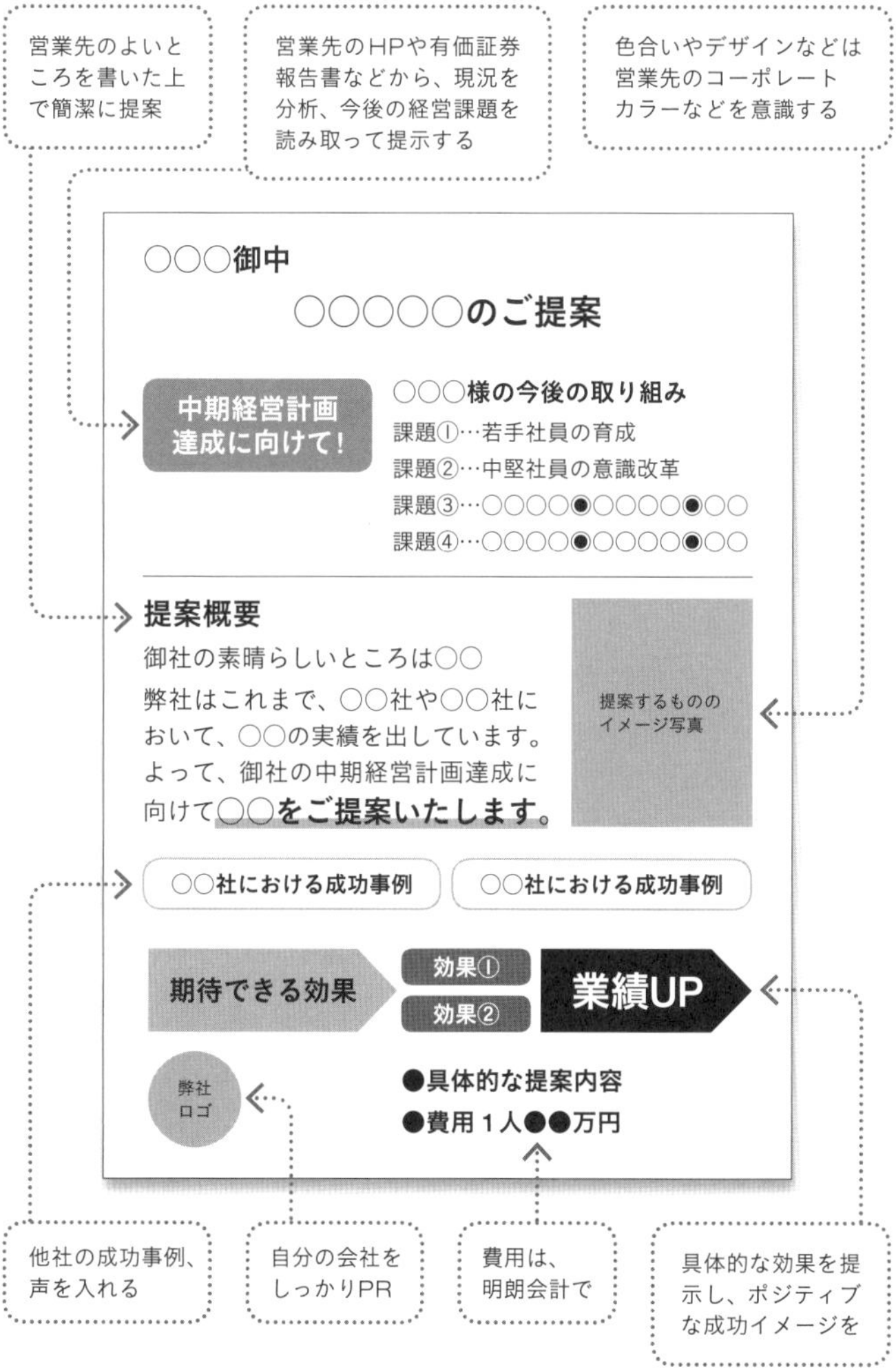

第三章【アフターケア&接待編】

一億の契約が取れる「究極のおもてなし」

年収1億円の人の心をつかむ宴会術とは

先日、若手ベンチャー社長からこんなオファーがありました。

「市村さん、私と食事をしてくださったら1回50万円払います」と。

私のコンサルティングは6回1クールですが、コンサルテーションをするのではなく、6回食事をしてくれと。

「市村さんが接待の場をどうやって盛り上げるのか見てみたい」と言うのです。その社長さんは、若くして成功されたのはよかったけれど、接待や「おもてなし」などを経験してこなかったそうです。

「接待こそ、任せてくれ」と言いました。世間からは、「バブル世代が世の中をダメにした」などといわれていますが、コストをかけた接待を山のようにこなしてきた時代の人間だからこそ、わかることもあるのです。

まず、**接待は「お客様のことをもっとよく知りたい」「距離感を縮めて役に立ちたい」「お客様の考えを深く知りたい」というスタンスから食事やお酒を共にする、健全なコミュニケーション基盤をつくる重要な時間なのです。**

会社とお客様のところとの往復で、仕事の話ばかりしていたってつまらない。接待を通してお客様に「この人おもしろいなあ」と興味を持ってもらうのです。

お客様に楽しんでいただくためにも、事前に準備や下調べをしておくことも営業マンの仕事のうち。接待とは女性をデートに誘い出して、「この人と出掛けたら楽しいわ」と気に入ってもらうことに似ています。

野村證券時代、私がホストになって接待をするときは**事前にお客様の食べ物の好き嫌いやアレルギー、たばこの銘柄、お酒は何が好きか、焼酎であれば芋なのか麦なのか、芋だったら鹿児島産なのかまでをあらかじめ調べておきました。**お客様が日本酒通なのにウイスキーしかない店だったらこれは失敗です。

さらに、お客様はどの位置に座るのか、そこから見える景色はどうか、部屋の温度はどうかといったことも気にしました。

今では、秘書を通じて全部リサーチをしておいて、お酒であれば、お客様の好みのものを後ろに並べておくようにしています。

お客様をその気にさせるお店選びの極意

接待の場にお客様が来てくださったということは、お客様がこの話に乗るかどうかの「最終的な判断を下す」という意味でもあります。故に接待は、こちらにとって使える手はすべて使い切って、全力をかけて闘う『全人格的格闘技』といえます。ですから半端な準備では済みません。

店選びに関しては、私は自分の足と舌で何度も確かめてからお客様をお連れするので、ほぼ外れがありません。まずは、**グルメ雑誌などにも目を通し、その店の門構えやのれんのかけ方、大将の顔つき、そして味を確かめに行き、メモを取っておきます。**

特に私が注意を配っている点は、お店側のサービスです。いい店の大将はカウンター越しにお客様の食べたときの反応をさりげなく観察して、料理を出すタイミングや出す料理を考えてくれます。

私自身もお客様を前に真剣に接待をしますが、大将もお客様を見ながら真剣勝負を繰り広げてくれるわけです。どれだけ、お客様に満足を提供できるか、私が言葉をかけなくても一緒に演出をしてくれる。プロフェッショナルな大将には矜持さえ覚えるものです。

また、逆にお客様に接待された場合にも、「さすが」という接待をしてくれる店があるものです。そのときはすかさずメモしておいて、再度自分で足を運び、自前のグルメ手帳にエントリーさせます。

酒の席で仕事の話ばかりするのは無粋ですよ

私は、**酒の席では仕事の話はなるべくしないようにしています。せっかく、仕事以外の話ができるチャンスなのですから。**家族の話をしたり、お子さんがいるのなら、子育ての苦労話などを通じてお互いに共感し合います。

その中で、さりげなく自分の考えや、学生時代にやってきたこと、趣味などプレゼンテーションをしたらいいのです。仕事の話は昼間すればよいわけで、接待は相手との距離感を縮める格好の時間なのですから。

だからといって、接待は遊びではありません。**お酒の席は相手についてリサーチできる機会でもありますから、酒癖が悪かったり、女性のいるお店に行ったら女癖が悪かったりがわかってしまいます。**そのような人は自分で自分をコントロールできない人だとわかります。お酒に飲まれてしまうような相手とはうかつに取引をしないほうがいいとわかります。

また、カラオケひとつとっても、自分の得意な歌だったり、**好きな歌を歌うよりも、お客様の年代の歌を歌える**ように練習をしておきます。

私も自分の好きな郷ひろみや矢沢永吉を歌いたくても、年配の方が相手なら、『夢芝居』や『別れても好きな人』、もっと年上の方を接待する場合は『軍歌』なども歌えるように準備をしておきます。

せっかく、お客様と一緒にいるのならいい空間、いい時間を持ちたいものです。

そのためにも、喜んでその場の雰囲気づくりをし、お客様に喜んでもらえる努力を自然体で行います。

お酒が飲めない場合は店側を味方につける

接待の席でお客様にお酒をすすめられて、出し抜けに、「私、飲めないのです」と断るのは場をしらけさせます。

酒の強さは経験によって多少鍛えられはしますが、基本的に体質もあるので、なんとかカバーする方法を考えておきましょう。

飲めないからといって、水やお茶というのはお客様の気分も上がらないので、ノンアルコールのシャンパンとか、ノンアルコールのカクテルなどで雰囲気だけは装いましょう。

また、酒に強い人間を配して、必ず誰かは最後までお客様のお付き合いができるようにメンバー構成を工夫するのも一つの方法です。

私も若い頃は、お客様にかなり飲まされましたが、酔っ払ってはいけないので苦労しました。接待では女性のいるお店を使うこともありますので、途中からお店の女将に、ウーロン茶を水で割る「ウーロン茶の水割り」などを出してもらい、雰囲気づくりだけはしてもらうよう頼んでおきました。

前述した料理屋の大将と同じで、営業マンは必死ですから、接待場所として使うお店の人たちとは戦友になるのです。そのような関係を続けていくと、女将が、

「あのお客様は投資のことを市村さんに聞きたいって言ってたわよ」

という風にお客様をつなぐキーパーソンになることさえあるのです。

接待はお客様に楽しんでいただくことが一番。ですが、**仕事相手、飲食の従業員、料理屋の大将、女将……その場で出会う人も私にとって皆素晴らしい人脈なのです。**何年もお付き合いしていくうちに、彼らも掛け替えのない財産になっていきます。

10年後に何倍にもなる交際費の使い方

野村證券で1988年前後、まさに日本がバブルに浮かれている頃、私のある月の交際費が数百万円になりました。カードの請求がきて妻が青くなって部屋から出てこなくなったことがあります。まだ自分のお給料でまかなえるわけがありません。相手が資産家になればなるほど、交際費が跳ね上がっていくからです。1軒目の接

待費は会社で出してくれても、2件目の高級クラブの費用は交際費では落ちないので自腹を切っていくしかなかったのです。

この頃、私は手数料を稼いでいるといっても自分の給料は手取り30万円でした。

その後、37歳で支店長になったら、やっと年収2500万円をもらえるようになりましたが、このとき自腹を切った交際費も相当な金額でした。それでも、私にとって接待は必要不可欠。残りのお金で生活をしていました。もちろん、貯金もできません。

ところが、そのように自腹で交際費を使っていったことが事実上、後の大きな数字につながっていったと思っています。

ビリの大森支店では、接待でお客様方と膝を付き合わせる関係になり、お客様の困っていることを解決し、取引を拡大していただくケースが数多くでき、それもあって、4000億円近くの資金導入がなされ、1年で全国トップにまでのし上げることができました。

今、組織にいる人は交際費が決まっている場合が多いかと思います。課長は10万、部長なら30万、執行役員なら100万など。これをまるで給料の上乗せのように考えている人がいますが、その発想は『サラリーマン・オブ・サラリーマン』。**交際費を使ったのならば、その経費が回収できる成果を出せなかったら意味がありません。**サラリーマンであっても、経営者意識を持たなかったらダメなのです。

落としたいお客様は上司同行で。前後の所作を完璧に

管理職ではないサラリーマンの場合は、自腹を切れるわけがありませんので、このお客様を接待で落としたいと思ったら、上司についてきてもらうとか、「お客様と親しくなりたいのです」と上司を説得するといいでしょう。

上司を連れていくことで、大幅に交渉時間が節約できるし、いきなり先方の社長とご一緒できる可能性も高まります。**上司に同行を頼む場合は、お客様の情報、現在までの取引実績、現在提案中の商談内容を簡潔にまとめておくこと**です。

このとき、上司はあなたの能力も見ています。つまり、準備をしっかりしておくことで自分の実績と能力も上司にアピールできるというわけです。

上司も部下のそういう姿勢が見えたら、接待には積極的に同席するか、経費を出すことを考えるなりしてあげてください。

接待予算がなかなか取れない場合は、**安価であっても何か特徴的なところに誘う**という手もあります。

以前、「市村社長は干物は食べますか？　とてもおいしいお店があるのです」と言って、地方のうまい干物だけを扱っている居酒屋に誘ってくれた若手経営者がいます。「銚子の秋刀魚　○○円」なんて書いてあるので2人で飲んでも7～8000円だと思いますが、とても誠実な感じがしました。

なぜならば、B級グルメでも彼の前後の所作がよかった。私を誘うために、まずは手紙で「お忙しいところ申し訳ございません……まだ私の立場から○○しかお誘いできませんが、市村社長とぜひ、お近づきになりたいのです……」とあって、会食の後はきちんとお礼状が届きました。こういう人は、謙虚でありながら人を大切にする。

案の定、起業をして、今では押しも押されもせぬ成長企業になっています。きっと10年後にはもっと大きくなっていると確信しました。

フランス料理で豪勢に接待していただいても、その後何も関係が生まれない会社もたくさんあります。１００万円のロマネコンティより、1通のお礼状に心打たれることがありますね。

若い経営者が料亭などで接待している例がありますが、分不相応な接待は相手に不信感を与えるリスクもありますし、おすすめしません。

一生心に残る手土産はこう選べ！

ともかく、お客様の好みは知っておかないと気が済まない。食事の際も、店を出たらすぐに、お客様と何を食べて何が好評だったかをメモします。これがすべて事前リサーチにもなるのですから。

しからば、帰り際にお渡しする手土産にもぬかりないのが市村流。接待の極意は、いかに相手に喜んでいただけるかに尽きます。

グルメ雑誌や「おもたせ」の特集などがあると、「これはいい」と思うものに付箋を貼っておき、秘書に買ってきてもらいます。試食をして、ＯＫであれば、土産リストにエントリーさせるのです。


それでも飽き足らず、今でも自分でしょっちゅうデパ地下に行き、お客様の顔を思い浮かべながら、その人の好きそうなものを探します。

先日、いつものようにデパ地下をうろうろしていたら、知り合いのクラブのママにばったり会い、なんでこんなところにいるのかと詰め寄られました。手土産を探している姿など、私には似つかわしくないのでしょうか。


お客様の嗜好などを含めて『ファーストヴィレッジ』では、お客様別に好みや出身地などを考慮した『お土産のリスト』が作ってあります。そして**以前に差し上げたものとダブらないよう、きちんと管理**しています。

小さいお子さんがいるなら日持ちがするクッキーがいいのではないかなど、**家族**

構成によってもお土産は変わってきます。

お客様の好みがわからないときは、ひと手間かけて、なかなか手に入らないものを持っていきます。たとえば、「空也のもなか」や「瑞穂《みずほ》の豆大福」。これらは予約をしておかなければ入手するのが難しい和菓子です。わかる人にはわかりますが、万一お客様がそれを知らない場合もありますから能書きを一筆書いて必ず入れます。

こういったことに知恵を絞る手間を惜しんではいけません。その積み重ねが信頼につながっていくのです。

お土産を持っていきたいのはやまやまだけど、新人のときはお金がありません。私が若い頃は、苦肉の策で、こんなものを用意した思い出があります。

仙台支店時代、東京に出張したときには、明治神宮に行って商売繁盛のお札を30枚買い、妻に頼んでお札に1枚1枚お客様の名前を書いてもらうのです。そして「社長のために明治神宮に行ってお札をもらってきましたよ」と言って、お客様に渡すのです。

するとお客様も、出張先でも自分を思ってくれていると喜んでくれました。

一生心に残る手土産を渡したい

[おすすめできるお土産リスト]

「空也のもなか」	小ぶりで食べやすい。予約しないと購入不可
「瑞穂の豆大福」	東京三大豆大福の一つ。甘さ控えめ
「帝国ホテルのクッキー詰め合わせ」	バターやナッツ、ドライフルーツを使ったクッキー
「資生堂パーラーの花椿ビスケット」	ロングセラー。黒缶は銀座本店限定
「資生堂パーラーの 1日15本限定チーズケーキ」	知る人ぞ知る、濃厚和風な限定チーズケーキ
「千疋屋のフルーツ盛り合わせ」	老舗フルーツ店の新鮮フルーツバスケット
「千疋屋のフルートジェリー」	生のフルーツと彩り鮮やかなかわいらしいジェリー
「たねや最中」	焼きたて最中に餡をはさんで召し上がれる
「たねやの季節の和菓子」	季節に応じた美しい和菓子
「たちばなのかりんとう 」	砂糖蜜の衣がかかったツヤツヤのかりんとう
「銀座ウエストのリーフパイ」	サックリとしたパイの食感と白ザラメ糖の歯ごたえ
「木村屋のバナナケーキ」	クレープ生地にカスタードとバナナの相性が抜群
「新正堂の切腹最中」	餡が飛び出て豪勢。お詫びのしるしにご愛嬌
「岡埜栄泉の豆大福」	塩味。ずっしり老舗の味の豆大福

また、父の実家がある茨城県には「市村農園」という名前の梨園があります。私の実家ではありませんが、我が家の親戚から送ったかのように演じることで喜ばれました。

どれも決して高額なものではありません。ですが、自分なりに工夫をして、普段着のお礼をすれば気持ちは伝わるものです。

訪問した日に手書きのお礼状を出す

野村證券では、新入社員は全員、訪問先にはお礼状を書くことが義務づけられていました。

お客様との面談がかなったら、必ず「わざわざお時間を取っていただきましてありがとうございました」と。

会食の席においでいただいたらそのお礼、逆にご招待いただいてもそのお礼をすぐに出します。偉くなるにしたがってお礼状を書かなくなる人も多いのですが、私は56歳になる今もそれを継続しています。私にとってはごく自然なことです。

私の場合、お礼状は巻紙で書くことにしています。特に目上の人に対しては、敬いの気持ちを持って巻紙のお礼状は欠かせません。「ここまでやる市村なら任せても大丈夫だ」と、お客様にそう思ってもらえれば最高です。

今の会社をつくってからは同じ筆耕さんを雇い、毎日来ていただいています。私が拙い毛筆で書くより専門の筆耕さんに書いてもらったほうが、お客様も読みやすいでしょう。毎日、新しいお客様に数人会いますし、何かしらお礼状を書かねばいけないので、たくさんの手紙を自身で書く時間はありません。文章は私が口頭で筆耕さんに伝え、字は毛筆で書いてもらいます。

ポイントは、**会った翌日に書く場合でも、「本日はわざわざ○○していただきありがとうございました」といった形で、とにかく「本日は」という文言を入れることです。**

接待や会食のお礼状も同様です。相手は「市村はあの日帰って夜、これを書いたのか。単なる酔っ払いじゃなくて、なかなかちゃんとしているんだな」と思わせるのがミソです。

野村にいたときは接待や会食の席では、その場の雰囲気に合わせて太鼓持ちでも何でもやって盛り上げる私でした。でもその夜には冷静になり、お礼状を書いていました。

お礼状は秘書や部下も見ます。今どき、巻紙は珍しいでしょうから部下の印象にも残ります。

字に自信がない場合は、パソコンの毛筆ソフトを使って印字し、署名だけ自筆で書くのもよいでしょう。巻紙にこだわらなくとも、便箋、葉書を使い分けてもいいでしょう。手書きは手間がかかるかもしれない。ですが、そのひと手間を積み重ねることで、信頼関係が築かれていくのです。

メールでのお礼はあくまでも略式であり、お礼状が正式なマナーです。特に年配の方や、ITツールを日常的に利用している方でも、手書きの書状は心に響いて強く印象に残ります。

ただし、メールの場合はその日のうちに送信できるメリットもあるので、情報伝達手段として優れたメールと、正式な手書きによる書状とを、TPOに応じて使い分けるのが賢明です。

年賀状は細く長く取引をつなぐツール

今や、年賀状を出す人も減ってきていますが、私は年賀状こそ、人と人との関係を切らずに長く続ける大切な手段だと思っています。

私が年賀状を出すのは「不義理をしない」というその一言に尽きます。お互い環境が変わったり、状況が変化したりして、会わなくなってしまう人もいます。そんな人にも年に1回、年賀状を送る。

「自分は今、こうしています。本当に不義理をして申し訳ありません。でも元気にやっています」、という一言が伝わるのが年賀状なのです。

どうせ書くのなら元旦に届くように出すのが大人の礼儀。元旦に届く年賀状はその日に届くように事前に準備をして出したもの。それだけ心がこもっていることがわかります。

野村時代の人脈が起業のときに力になってくれた

20数年前に野村證券で出会ったお客様でも、私は年賀状を出し続けています。私はそのとき課長でしたが、その後支店長になって会社が変わったり、その方とは縁がない地域に来てしまいました。もちろんビジネスのやり取りがあったわけではありません。

それでも、年賀状のやり取りだけは続けていました。折に触れて周年記念のお花を贈ったり自分の近況をお知らせしたり、そうした関係が続いていました。すると、私が『ファーストヴィレッジ』という会社をつくったときに協力してくれることになったのです。

相手が自分にとって役立つときだけ連絡を取るのでは関係は長続きしません。**たとえ直接関係がなくなっても、細く、長く関係を続けていった人たちだけが「人持ち」になれる**のです。

私が社内の異動によって、その関係を切っていたらどうでしょう。今回の大きな取引はなかったでしょう。

手書きの巻紙や年賀状は、手に取ると文字からその人との思い出が立ちのぼってきます。心を込めて書いていくことをおすすめします。

面談当日付けお礼状で確実につなげる

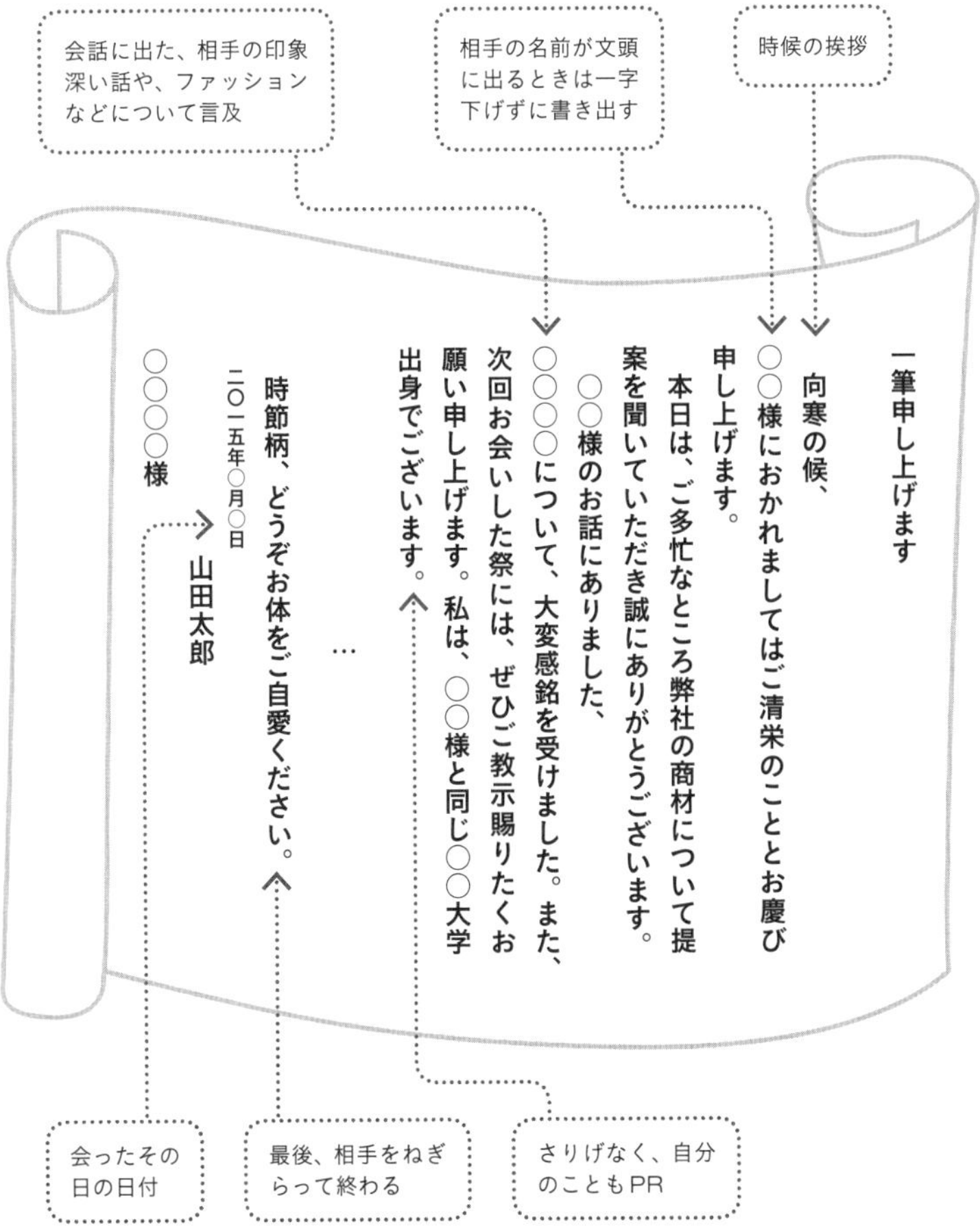
会話に出た、相手の印象深い話や、ファッションなどについて言及
相手の名前が文頭に出るときは一字下げずに書き出す
時候の挨拶
一筆申し上げます
向寒の候、
○○様におかれましてはご清栄のこととお慶び
申し上げます。
本日は、ご多忙なところ弊社の商材について提
案を聞いていただき誠にありがとうございます。
○○様のお話にありました、
○○○○について、大変感銘を受けました。また、
次回お会いした祭には、ぜひご教示賜りたくお
願い申し上げます。私は、○○様と同じ○○大学
出身でございます。
…
時節柄、どうぞお体をご自愛ください。
二〇一五年○月○日
山田太郎
○○○○様
会ったその日の日付
最後、相手をねぎらって終わる
さりげなく、自分のこともPR

毎週金曜日に、15冊のベストセラーを買う理由

教養を高めないと自分以上のお客様とは出会えない

デキる営業マンは、商品の説明だけ流暢に語っているわけではありません。「もっと雑談力を上げよう」「話題を豊富にしよう」と、多方面から情報をキャッチする努力をしているものです。

であれば、知性の土台をつくるために読書は欠かせないでしょう。大型書店に行って、平台に積まれているベストセラーのページをめくり、「なぜこれが売れるのか？」と、少し読んでみることをおすすめします。

書店の中にはトレンドがあふれているので、それを頭の引き出しに入れておくだけでも、お客様との話のきっかけがつかめます。

私は、毎週金曜日には大型書店に行って15冊くらいの新刊を購入し、週末の空いた時間に片っ端から読んでいきます。ビジネス本だけでなく、若い作家の本から、注目のヒットセールのもの、さまざまなジャンルの本を読んで、時代の風を肌で感じるようにしているのです。

本の中で気に入ったフレーズや探していた言

葉に出合うと、そこに付箋を貼っておき、『備忘録』に写したり、コピーを取ります。仕入れたネタは、一人隠して温存しておくことはなく、社員に話したり、講演会で話したりどんどんアウトプットしていきます。そうすることで、身に着いて学びも深くなるようです。

私が本を選ぶ際には手順があって、書店に行くと気になる本の帯と前書き、後書きを見て、目次を予測するんです。それで実際に目次を見て、想定したことばかりだったら、買わない。想定外のことが多くあったら、その本は自分の知らないことがたくさん書かれている可能性が高いので買います。

今までの人生で感動した書物は数知れませんが、ビジネスマンであれば、組織の中の男の嫉妬や、ライバル会社との熾烈な戦い、出世についてなど勉強になったのが、山崎豊子著のベストセラー『沈まぬ太陽』『不毛地帯』『白い巨塔』の3部作です。

『沈まぬ太陽』は、ＪＡＬ墜落を追った新聞記者と遺族との関わりを赤裸々に綴った物語で、専門家たちが舌を巻くほどの文筆力に、私も圧倒されました。これだけ鬼気迫る構成を成すには、相当緻密な取材を行っているでしょうし、発行までにどれだけの時間を費やしたか想像も及びません。

ドラマの時代背景は１９７０年代。昭和40年代は、まさに日本が高度成長期を迎え、勢いのある時代でした。一心不乱に働く男たちは、まるで経済戦争に突入した昔の軍人のように映ります。終戦後の復興を支えたのは、〝軍事力〟ではなく〝経済〟だったのだと思い知らされます。

『不毛地帯』は主人公が戦後、シベリア抑留という過酷な経験を経た後、参謀としての経歴を買われ弱小商社の近畿商事に入社。敗戦後の激動の時代を、軍人から商社マンとして必死に生き抜く話です。

そこには、憎悪、純愛、過去への悔恨、男の嫉妬など、さまざまな感情が渦巻いているのです。

『白い巨塔』は、医学界の知られざる実態と人間の生命の尊厳を描いた超大作。一番大切にしなければならないお客様（患者）が置き去りにされてしまい、自己保身と組織防衛にのみ価値を見出していく、そんな人間の姿をえぐり出した逸作です。

山崎豊子氏は、こうしたトップビジネスマンの〝生き様〟や企業の組織的な歪み、人間としてのモラルに正面から鋭く切り込み、緻密に描写するのがうまいですね。

あなたも、読書を通じて常に教養を高めるようにしていってください。そうでないと、自分のレベルを超えるお客様と会うことすらできないものです。教養を身に着けていけば、一段高いステージに上がれるのです。

第四章【マネジメント編】

どうやって最下位支店を日本一にのし上げたのか

部下が100名いたら全員と面談せよ

私は野村證券時代、ある時期から営業組織をマネジメントしたり、低迷する支店の救済をすることになりました。よく、学園ドラマで落ちこぼれの生徒ばかり集まる学校に、ワケあり教師が赴任してくるシーンで始まるように、会社にもそんな話が現実にあったのです。

1996年当時、野村證券最下位の大森支店に支店長として着任したとき。野村は朝8時40分が始業ですが、私はもちろん6時に着いていました。

ですが、当の社員たちはといったら、8時20分頃ゾロゾロとやってきます。第1ボタンが外れて「前の日飲んでました」とばかりに入ってくるヨレヨレ男性社員、女性社員はまつ毛をカールするビューラー片手に、口紅を塗りながらとか、スカーフを巻きながら入ってきました。

「病状レベル5だな」とわかったので、まずは、社員120名一人ひとりと面談をしました。**土曜と日曜の朝7時から夜の8時まで一人1時間かけて、歩合で働く女性営業職や運転手にも話を聞きました。**支店長室は広いので緊張するだろうと思い、小さい部屋にして社員と近い距離感でミーティングです。野村の本社の人事評価などを見ながら、「出身校がどこで、学生時代はどんなことをしてきたのか」、そのようなことから聞き始めました。

そして**次の3点は必ず確認**しました。

「どうなるかではなく、あなたはどうなりたいのか」
「プライベートで心配事はないか」
「お客様のため、自分が生きていくために仕事に向かっていけるか」

社員に心の内を話してもらいたいという理由から、私は聞き役にまわりました。するとと、どうやって仕事をしたらいいのかわからずにいる社員、中には父親が病気で苦しんでいて仕事に身が入らないという社員、それぞれが問題を抱えていることがわかりました。

私はなんとかしてその悩みを払拭し、仕事に専念できる環境を整えないと大森支店はつぶれると思いました。

社員が抱えている問題を自分の持っている知識・ノウハウやネットワークで解決してあげる。そうすると、相手が胸襟を開いて私の話を聞いてくれるようになります。

話し合っていく段階で、「こうしよう」「ああしよう」とポジティブに変化していき、私が目指すことと彼らが目指すことが一致していきました。

「頑張ったら、支店も伸びるし、あなたも伸びる。収入も上がる。そうしたら家族も楽になる」

こういったベクトルを示すことで、全員のやる気が変わっていきました。

面談は社員の『マンパワーチェック』ですから、これを行って社員を勇気づけ全体の収益を拡大化していくのがリーダーです。

経営資源で一番大切なのが人です。コンピューター開発だって人が行うこと。人が利益という無限の果実をもたらす仕組みを作るためにも、何よりも優先して、リーダーは社員にどれだけの潜在能力があるかどうかをチェックしないといけません。

社員の困っていることを自分のノウハウで解決する

「自分が幸せに生きていくために頑張ろう」

「私のノウハウをすべて授けますから、収益を上げられる人になるために私を利用してください。一緒に頑張ろう」

そう皆に話しかけました。

生き抜くための仕事です。営業とは人生。営業はなぜおもしろいのか、なぜ苦しいのかを存分に味わってもらいたいと思ったのです。

商品を企画する人、研究する人、開発する人、売る人、運ぶ人、サポートする人、すべてが企業にはなくてはならない存在ですが、その中で唯一、お客様の心が大きく動くときに一緒にいるのが営業マンなのです。他人の心を動かすのだから楽ではない仕事かもしれません。ですが動いたときは何ものにも替えがたい醍醐味が感じられるものでもあると伝えました。

組織の中にいると、まるで自分の力が及ばない領域の誰かに、何ごとも決められてしまうところがあります。ですが、どこにいたとしても、**与えられた環境の中で掛け替えのない存在になるか、取り換えの利く部品で終わるのかは自分次第なのです。**

「あなたは、そういう人なのだから、営業ノルマのために生きているのではない」

こう言っていきました。

これまで「ビリ支店大森」は、32年間で預かり資産を800億円しか集められず、月に5000万円しか手数料が落ちない支店でした。ですが、1年間で1600億円と、倍の預かり資産目標を掲げ、全員一丸となって取り組んだ結果、4800億円もの預かり資産を集めることができました。

組織を変えていけば、目標は達成できる。ベンチマークにだってなれるのです。

評価基軸をはっきり伝えれば組織が動き出す

ビリ支店の再起をかけて面談の次にやったことは、仕事の評価を明確にしたことでした。

当時の野村では社員全員に16段階の評価がつけられており、評価によって給与やボーナス、役職が決まるのですが、その内容は本人に知らされていませんでした。ここで、私は一人ひとりにその評価を伝えたのです。

「あなたの評価は今こう。もし昇進したいなら、あと○ポイントは必要」

この支店には課長代理の男性社員が20名いました。当時、野村ではいわゆる第一選抜で入社11年で課長になれる人が10％。1年遅れの第2選抜が10％。課長代理のまま終わってしまうと年収600〜650万円で、課長になれると1300万円になる。課長代理というのは、経験はあるけれど、課長になれなくて足踏みしている人たちなのです。支店内にそのような社員が20名いたので、これは押し上げていかなかったら停滞し続けると思いました。

野村の評価基準は16段階。一番上が1。課長になるには3にならないとダメ。支店長が最大に上げられるのは1年に3ポイント。課長代理の社員は、6〜9の評価がほとんどです。

今、9でいる社員は、最大限に上げたとして6。次の年に頑張って3に上げてやっと課長になる。3段階上げるには全社での成績が上位20％に入るという、厳しい相対評価もある。上位20％の線引きはかなり激戦です。

私は課長代理の一人、小山君とこんな会話を交わしました。

「今年明治神宮で何をお願いしてきたのだ？」

「課長になれますようにって、お賽銭1万円、ばっちり入れました」

「それはおまえ無駄金だったな。おまえの評価は9だぞ。課長になるのに3以上にならないといけないよ。そういうことを、知らなかったのか？」

「いや、知りません。誰も評価については教えてくれませんでした」

「おまえは会社の評価で今、上位32％にいる。評価は9だ。これを20％以内に入るようにしたらいい。そしたら9の評価を必ず6にする。なぜならば、根拠があるから。それは、月600万円稼いだらここに入る」

「本当ですか？　私やります！」

「そうか、頑張れ。ところで小山、来年、おまえお賽銭入れるか？」

「再来年入れます（笑）」

つまり、小山君は課長になるまでは最短で2年かかることがわかりました。昇進は、神頼みではないのです。具体的にどこまでやったら、そうなっていくという目標を20名の課長代理に話しました。**評価基軸を開示して、目標を持って仕事をやらせていくこと**はマネジメントの大切な仕事です。

さらに、もう一つ、人事評価で変化を遂げていった総務部の吉田君の紹介です。

私は彼に、評価Sという、基準でいう上位1%評価をつけました。

すると当然、人事部長から電話がかかってきてこのような会話になりました。

「市村、総務課長になんでS評価つけんだよ」

「部長、申し訳ありませんが、うちは、32もの項目でお客様の情報を入れる顧客カード登録を行ってます。年収だったり、家族構成まで、全部お客様から聞き出さないと入力できません。それを吉田がすべてやってきました」

「全部入れているのか?」

「もちろん、100%入れています」

「総務の指標である顧客カード入力状況ランキングで大森支店は全国トップです、人事部長」

人事部長は言葉が出なくて、唸りました。他の店舗を見ればわかるように、顧客データ入力のような地味な仕事をきちんとやっているところは少ないのです。

「人事部長、野村が目指すのはお客様の顧客情報を理解して、お客様をゆっくりだけどお金持ちにしていくことじゃないですか？」

と最後に言うと、人事部長は今回は特別だと受け入れてくれました。

吉田君はその後、野村の大支店の総務課長に抜擢され、今でも活躍しています。


私は、マネジメントというのは、一緒に働いている社員を幸せにできなかったらダメだと思っています。その中で、**最も効果的なのが、「俺もこういう苦労をしたけど、こう乗り越えたぞ」という社員への言葉。**前述した吉田君もそうでした。

「おまえ、絶対上に上げるから頑張れ。顧客カードを徹底していくんだ」

「絶対トップ取ってやれ」

このように、皆に勇気を与えていくことで、「あいつもやってる」「こいつも頑張っている」となり、ボーナスの査定もどんどん上がっていきました。

ともかく、社員を勝たせてやる。そのために社内の評価基軸をはっきり教え、やり方も教えてダメだったら修正してまたやる。初めからできる人はいないので、皆、私のやり方を真似できるように指導してきました。

評価基軸がない会社は、そこからしっかり作り、社員を育成していって欲しいと思います。

課長代理をあえて課長席に座らせる

会社の中を、どのような席の配置、レイアウトにするかはとても大切です。それによって、社員のやる気が180度変わってくるからです。

私は大宮西口支店の改善のために次席として異動になった際、プロジェクト名を『サマーアタック大作戦』と銘打ち、夏期6~9月の4ヵ月で収益を3倍にする目標を立てていました。

異動したときは、大宮西口支店の席の配置はウナギの寝床のように長い島を作っていました（157ページ上図参照）。

私が行ってどのような席にしたかというと、島を3つに切って3名いる課長代理をそれぞれの島のトップに座らせ、3つの島のトップには次席である私が座りました。3名のリーダーの肩書きは『課長代理』から『課長席』に変更。

野村證券では、課長になるのに入社から11年はかかるので、それ以下は『課長代理』と呼んでいましたが、これでは本人たちが何も責任を感じらません。大宮西口の**『課長席』になった3名には、それぞれ部下を4名つけ、『課長』と同じ権限を与えました。つまり、課長と同じ仕事をやってくれ、**ということです。

この、『課長席』に部下を4名つけて5名チームで動くフォーメーションは、私が営業企画部にいたときに全国132支店をまわって、できる支店のリーダー（できないリーダーも）をくまなく見て、できるリーダーがやっていたこと。**一人のリーダーが見る人数は4名がちょうどいい**のです。それ以上だとキャパオーバーで問題が起きてきます。『5人組アメーバ経営』と元京セラの稲盛和夫さんが言っているスタイルです。

課長席の3名は、全員100キロ級の体育会系。まるで相撲部屋かと思うようで、番付でいったら関脇が奮闘しているかのよう。

私は、「君たちの役割は、それぞれ4名の部下を使って大宮西口の営業課の月間の収入目標数値6650万を必達すること！」と言い放ちました。

相撲部屋の空気は一瞬張り詰め、無言の圧力を感じましたが、私は「どうかわかって欲しい」と続けました。

『課長席』には管理職の権限を持たせる

『課長席』の3名は『課長』と同じ。すなわち、一兵卒とは違い幹部、管理職として3つの責任を課しました。

①収益責任：これは絶対的。これを負えない幹部は降りていただきたい。
②部下の育成：部下を育てられない人は幹部になってはいけない。
③コンプライアンスを守ること。

いわんや、私と課長席のリーダー3名は「絶対、予算の6650万円を必達しよう」と誓いました。すると、私が異動する前までは5月が3350万円しか稼げなかったのに、6月は倍の7500万円、ついに、4ヵ月後の9月には151%の1億円を達成。同じメンバーで同じテリトリーで、今まで稼動件数が48件だったお客様が、532件も稼動してくれたのです。きちんとお客様のことを考えて行動していたら相対的に優位になることをここで皆経験しました。

このとき、**部下には、コミッションでの目標数字を負わせず、ともかく新規開拓をさせる**ようにしました。

第一章の【準備編】でもお伝えしたように、ひたすらお客様を増やすことに徹底させたのです。

このように、きちんと計画を立てて、中間管理職にやるべき役割を明確に出せば達成は可能なのです。

レイアウトを変えるだけでモチベーション＆収益アップ

『課長代理』以下、「うなぎの寝床」では皆「我関せず」

『課長席』を作ることで主体的に部下を育成するようになる

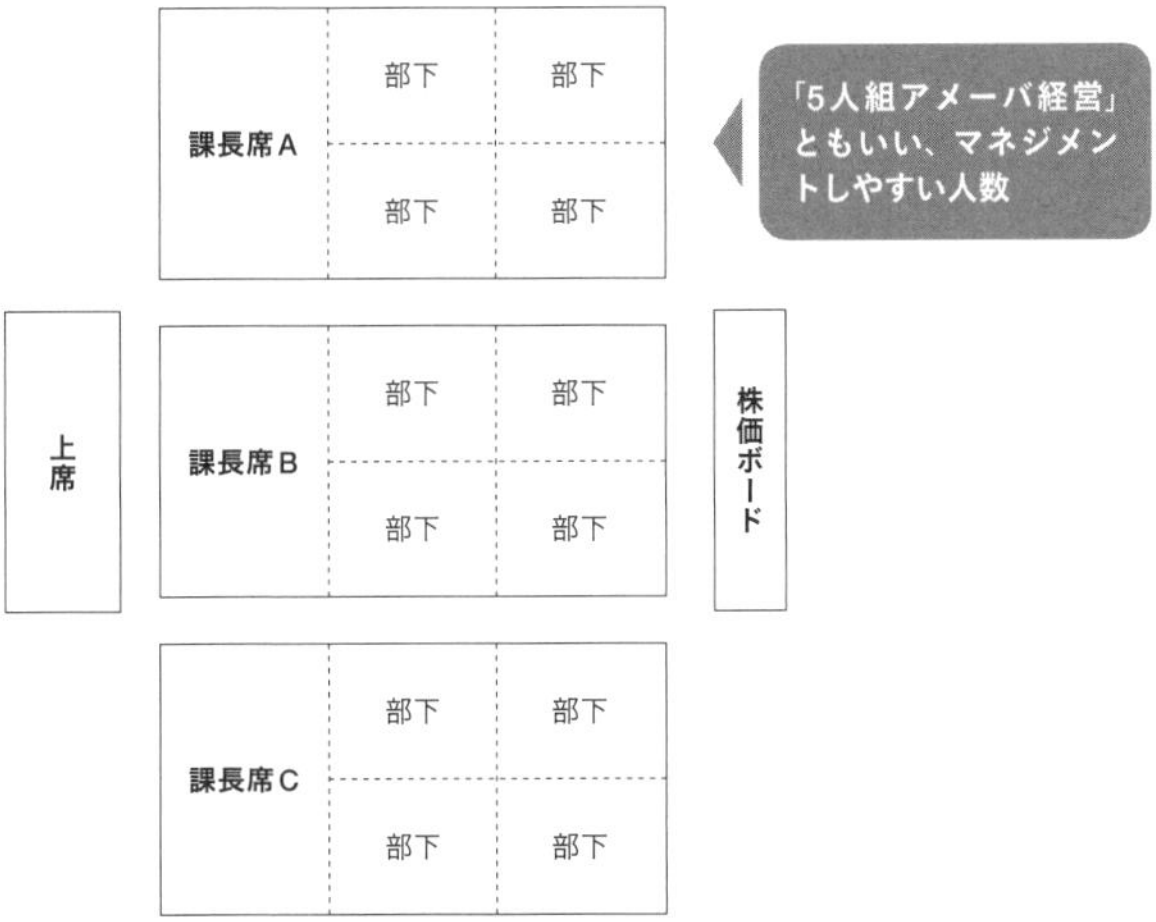

リーダー間の意思疎通をしっかり図れ

私が大宮西口支店に異動になった頃、野村の損失補てんの不祥事が公にさらされました。現場の社員のモチベーションは落ちており、女性社員がスーパーマーケットで卵を投げられるなどという悲惨な話もありました。そういった中で生きがいややりがいを見つけるのは難しいもの。ですが、私はこう言いました。

「リスクマネーの担い手がどこかにいないかと、くまなく営業するのが我々証券マンの仕事。社会に役立つ善の仕事をしています」

なぜそのようなことを言ったかというと、働いている人たちが、自分のやっていることに生きがいや、やりがい、誇りを持っていなかったら絶対にモチベーションが上がらないし、前向きの発想にならないからです。

やりがいや生きがいこそ、その人のまごうかたなき自信となっていくのです。

目標数字は当てずっぽうではない

私が赴任したときの大宮西口支店の業績は会社全体でも87位。野村を維持していくためには「これだけの数字を上げねばならない」という〝大本営〟からのお達しがあります。当てずっぽうに数字を出しているわけではありません。私がかつていた本社営業企画部が全国132支店を見てまわり、陣容を見て割り振っています。そこから統計的な数字として「大宮西口は、6650万円」、と課せられるのです。大企業になるほど、こういうことは意外に教えられていないものです。まさに宮西口支店もそうなっていました。

いわゆる、大企業病になっていました。

ですから、「私くらいやらなくたって野村證券はなくならない」となっていく。「6650万円というのは、野村證券という大きな神輿を、大宮西口ではこの数字だけ一緒に担いでくれと言われてるのと同じなんです」と社員たちに説明しました。

自分の組織で、数字が伸びていないなどの問題があるとしたら、社長と中間管理職などリーダー間の意思疎通がなされていないことが十分考えられます。管理職のモチベーションアップから図り直してみてはいかがでしょうか。

外交が終わった都度、管理職が電話をすれば成約率倍増

大宮西口では、部下が営業に行った際、『1件終わったら、その成果を課長席か、次席（市村）に電話で伝える』というルールを作りました。部下では答えられない条件交渉などに、権限がある人間がすぐさまフォローできる仕組みです。

これはとても大切なことで、大きく収益に関係してくるアクションになりました。1件営業が終わったら、その場で報告するからうそはない。リアル感が大事です。

たとえば、部下と私のやり取りです。

「今〇〇に行ってこうこうこうです」

「で、どうだった？」

「実は、結構厳しい条件を言われてしまって……ライバル証券会社と合い見積もりを取られました」

「わかった、今すぐお客様のところへ戻れ、そしてお客様の前から市村に電話しろ」

そして、営業先にすぐに戻り、市村が話したいと言ってますと言わせるのです。

「〇〇社長、市村です。いつもありがとうございます。〇〇証券さんの条件は？ではは野村はこの条件でやります」

と、多少手数料が減ってもその電話で契約を決めてしまいます。

会社に戻ってからではお客様の熱も冷めてしまうのです。

『課長席』や『次席』は電話報告を聞いたら部下をフォローするのが役目。**一兵卒の熱量を感じてすぐ返答する**のが、管理職の大切な仕事なのです。

夕方4時くらいになるとコーヒーショップの中でうその営業報告書を書いているサラリーマンをよく見かけますが、あたかも、営業をしたかのように書いています。社内でマネジメントがチェックする仕組みができていないからこうなるのでしょうね。こんな、やりがいのない仕事をさせているのも管理職に責任があります。今すぐ、仕組みを変えていきましょう。

作戦目的を明確に出す。数値目標もきちんと出す

次席として、大宮西口支店の立て直しにかかった35歳の私は、支店長でもないのに、『サマーアタック大作戦』と銘打って「ここから4ヵ月後に1億円収益を達成します」と発表しました。

予算6650万に対して3000万くらいの収益しか上げられなかった店を、たった4ヵ月で1億円にするなんて本来なら無理でしょう。

もし、皆様の会社に「今から4ヵ月後に売り上げを3倍にする」というリーダーが来たらどうでしょうか？　反発するかもしれませんね。

これは、短距離走のチームで「全員が100メートル走を10秒切るぞ」という大きな目標を掲げるのと同じことです。

なぜ1億だったのか？　6650万円という数字はできるかもしれないけど、1億円という目標を立てると不思議と6650万円が低く感じられるのです。

ましてや、「予算の分だけやればいい」というのは、私の発想からいくとサラリーマン根性丸出しみたいなものなんです。6650万円は、あくまでも最低ラインで、

野村からしたら「これだけの年貢は収めてくれよ」、といった数字です。ですから、「6650万円を最低ラインとして150%はやらないと!」なのです。つまり、**士気が下がっているときほど、発想の視点を上げていくこと**が大切なのです。

目標数値というのは、雲をつかむようなものでもダメですが、私一人で過去に月6億円の手数料を稼いできているのだから、15名もの部下をもらったらできるだろうと確信していました。

一人1億集める『新規開拓』のためにやったこと

そのための作戦目的も明確にしました。それは、『範囲内営業をやめて新規開拓する拡大型営業に切り替えていく』こと。

範囲内営業では、現在預かっているお客様のお金だけで営業をしていくこと以上に広がっていきません。大宮西口支店の稼動件数(1ヵ月のうち何人のお客様が頭数で動いたか)が月に48件しかなかったというのは範囲内営業しかしていない証拠です。

ですから私は『新規開拓』を中心に置く拡大型営業に変えていきました。

営業の基本は開拓することなのです。お客様を開拓して、お客様から新しい資金を入れていただくこと。運用資産を多く入れていただいて運用していくことなのです。となると、新規のお客様にいかに新しい情報を提供できるかなのです。そこで考えなければいけないのが『商品戦略』。

私は具体的な数字目標として「投資信託を一人キャッシュ１億円集めてください。１ヵ月に１億円集めれば、３００万円手数料が入る。メンバー15名が売れば４５００万円の収入になる」と社員に伝えました。

こうやって、新規開拓して拡大型営業をしていくために、具体的な数字を出しました。**リーダーは部下がその目標を達成するために支援をしていくことが重要です。**

これまで通りの、「○○がいくら手数料をあげた」というスタイルではなく、投資信託等を通じて顧客基盤を拡大する。お客様の数を増やして裾野を広げて、稼動件数を増やす。そちらのほうがよっぽど大切なのだということを社員に伝えていきました。そのための具体的な企画立案はすべて、一番経験値が高い私が作りました。下に任せるのではなく、この業務に一番精通している人間が作らねばダメなのです。

結果、大宮西口支店は5月収益3346万円で順位は132支店中87位が、6月は7511万円、7月7563万円、8月7867万円、そして、ついに9月に1億達成。全国2位に躍り出、お客様の数は4ヵ月で当初の十数倍に増えました。

組織を動かす上で、「リーダーシップ」と「マネジメント」という2つの力があるとしたら、**リーダーシップは「性善説に基づき」、社員は頑張れるという考えだが、マネジメントは「性悪説に基づく」もの。**

「人間はずるをする、うそをつく、サボる」という前提でそうならないための仕組みに変えていく。そのためにも目標数字を明確に定めて、新規拡大のために開拓営業をさせ、アポイントをどんどん取らせていくことが大切なのです。

自社商品を他社と比較させて、自信を持たせる

37歳で着任したビリ支店大森支店の改革では、まず、社員120名の面談から始めたと述べました。

そこで1階のカウンターレディとして投資信託や株の営業をしている女性社員が、

「野村の商品はいいと思いません」

と、口々に言うではありませんか。

私は、「何?!」と思いましたよ。「野村から給料をもらっているのに野村の商品がよくない?」。

ただ、待てよ。私は本社営業企画部にいたとき商品組成にもかかわっていたので思い返しました。営業企画部で、新たに売り出す商品のチェックをしていた経験上、野村の商品がよいことは理解できています。

当時、野村の役員がよく「この商品どうだ?」と私に聞いてきたのでした。なぜならば、各支店の指導にまわっているので現場を知っているからです。そのとき、相手が役員でもかまわず「これは売れないですよ」とはっきり言ってきた私です。

そこで、大森支店の女子社員に、

「わかった、君たち5人ずつ4班に分かれて、私服に着替えて。お客さんのフリをして気になることをあらゆる金融機関に行って聞いてくるといい」

と言い、女子社員は15名を残して5名でそれぞれに1週間ずつ市場調査に行ったのです。調べてきたら、皆、自信にみなぎった顔をして帰ってきました。

そして、1ヵ月後、それぞれの4人のリーダーに社内説明会を開かせました。

私は女性リーダーたちに、

「視察はどうだった?」

と聞くと、

「支店長、野村の商品は意外にいいです」

と返ってくるではないですか。

なぜいいか? 他の同業者はどのような商品だったのか? と聞くと、

「〇〇のは、野村より利率はいい。でも3ヵ月以内に途中で解約したらペナルティ、というのが小さく書いてあります」

「だったら、そこにラインマーカーを引いて、お客様には〇〇はいいですよね。

3ヵ月お持ちになるならそれをおすすめします。でももし途中で解約したら、損ですよ。だったらいつでも出し入れできる当社の商品MMFのほうが有利ですよ。と切り返すんだよ」

と、伝え、視察でもらってきた資料は全部、手持ちのファイルに入れておくことを指示しました。

つまり、自信がないからやれなかったにすぎないのです。

私は「野村の商品は、他の金融機関より有利に作っているから自信を持っていいのだ」と言いました。

私が支店長に就任した当時、大森支店の業績は低迷の一途で皆自信を失っていました。だからこそ、余計に**社員一人ひとりに野村の自社商品に自信を持たせることが大切**だったのです。

大森支店の女性社員たちによる「自社と他社を比較した金融商品に関するレポート」発表は、私の想像をはるかに超えた素晴らしい出来映えでした。

この日を境に、一人ひとりが自社の商品の強みと弱みを理解し、お客様へ自信を持って自分たちの商品を提案する姿へと変貌を遂げていったのです。不振にあえいでいた大森支店の業績は、グングン伸びていきました。

女性社員との「交換日記」で売り上げは倍増

野村證券時代、全国でビリから2番目だった大森支店を1年で全国一にのし上げました。前述した通り、大森支店を再生するにあたり、原動力となったのは女性の力です。**どんな組織でも、女性の力がうまく活きると組織の力が大きくアップします。**証券会社はどの支店でもそうだと思いますが、窓口でお客様に商品をすすめるのは女性社員です。営業でまわっているのも歩合給の50名近くの契約社員の女性たちです。

この人たちの意識を変えなければ支店を立て直すことができない、と私は判断しました。

そこで、女性スタッフと交換日記をやり取りしました。お客様に言われたこと、気づいたこと、支店長に言いたいことなどなんでもいいので書いてもらいました。

そのためのノートも用意し、帰りに支店長室に置いていくようにさせました。

今なら社長直通の電子メールと言っていいでしょう。『日報』とは別に、自由に書いていいと言いました。彼女たちも大変だったかもしれませんが、私も毎日20冊の交換日記を見るのだから結構大変でした。夜はお客様との会食があるので、9時くらいに帰ってきて、全部サインして回答する毎日を繰り返したのです。

すると、まじめな女性はたくさん書いてきます。「窓口での返金業務は現在一人15分かかっていますが、○○を減らせば5分で済みます」とか、「野村本社で出している広告は意味がわかりません。むしろうち独自で支店に垂れ幕などつけたほうが目立ちます」「うちの支店で投資の勉強会をするといいです」などなど。

私は必ず一言書き添えて返しました。支店長が読んでいることがわかるので、彼女たちはそれを励みとしてどんどん提案してきます。

現場の生の声がバンバン上がってきたわけです。これで支店の問題点がかなり洗い出せましたし、改善点も検討できるようになったのです。

また、**商品を説得力を持ってすすめられるように、実際にその会社を訪問するこ**

とも女性たちにやってもらいました。

たとえば、当時ドン・キホーテの株をすすめようとなったとき、私が自腹を切って一人1000円ずつ与え、ドン・キホーテで買い物をしてきてもらいました。一番いい買い物をしてきた社員には賞金で1万円。こんなやり取りをすることで、皆がその会社のよさも理解でき、お客様に伝えることもできるようになりました。

私が営業に行くときも、連れていく。**じかに大企業の社長の話が聞けることは彼女たちにとって強烈な体験となるからです。**

大森支店では、優秀な支店長秘書がいましたが、先代の支店長の気に入らない発言をしたがために、地下のシュレッダー室に追いやられていました。1日中、紙をシュレッダーにかける仕事をしていたのです。

私は面談をすることによって、彼女がとても優秀であることに気づき、秘書に戻しました。すると、私に新しいアイディアをどんどん出したりと潜在能力を発揮してきたのです。

誰だって人は自分を認めてもらいたいと常に思っています。**目標数字を達成したいなら、リーダーとして社員の承認の欲求を満たすこと**です。

それまで、「私たちなんていなくても同じではないのか」と思っていたことが、彼女たちの力が伸びなかった根本的な問題です。

契約社員に1億稼がせた「支店長同行」メソッド

大森支店には50名近くの歩合で働く証券貯蓄レディがいました。20年以上のキャリアがあり、私は37歳で支店長として異動してきましたが、まるで自分の母親ぐらいの年配の方ばかりです。彼女たちは契約を決めてきたら相当の歩合がインセンティブとしてもらえます。

今までどの支店でもしてきたように、私はまずは支店のお客様の分析を始めました。すると、彼女たちが富裕層ばかりがいるエリア担当だったのにはビックリ。

私はこのエリアの拡大を考え、

「今度大森支店に参りました市村です。皆様の大事なお客様を、一人20件ずつ私が同伴します。老舗の和菓子『空也のもなか』を持って営業にまわりましょう」

と言いました。

これまで女性たちは自分流に営業をしていたので、

「今まで支店長の同行など一度もありませんでした。嬉しいです。お願いします」

とわんさかわんさか申し出がありました。

支店長の車に乗せて彼女らのお客様20名のところを順番にまわっていきました。

ある日、証券貯蓄レディの清水さんとお客様をまわりました。

老舗の天ぷら屋に行けば、店主が天ぷらを揚げている横に立って清水さんと一緒に店主の話を聞きます。

手堅く商売をしている中小企業の社長さんもたくさんいて、それぞれ訪問し、たくさんの素晴らしいお客様がいることがわかりました。

中でも、駅前に大きなビルを持っているオーナーのところでは驚く展開が起きました。

大森支店の800億円の中の50億円も中期国債ファンドで預けてくれていましたが、預けっぱなしで10年以上たっていました。ここのオーナーにはぜひとも別の商品を提案しようと準備をして、清水さんと同行。

「これから円安の方向に為替が動く可能性があるので、当社で預かっている50億円を外債に5つに分散して、乗り換えて投資しましょう」と提案しました。するとしばらくして、

「支店長にお任せします」と外債を買ってくださいました。証券貯蓄レディ清水さんには、なんと1億円の手数料が入ったのです。


この後の、女性たちの反応が恐れ入るほどでした。

「支店長、支店長、私にも同伴してください」

と、契約社員の女性たちのフロアを歩くこともままならなくなってしまうほど、モテモテの支店長となりました。

潜在顧客を見極めるのも大切なことですが、上司であれば、もう一度部下を見直して、**部下のいい部分を引き出し、支えてあげること。特に女性はコツコツとまじめにやっていきます**ので、契約社員であろうと、人こそ経営資産だと思いその力を活用していくことです。

ＰＤＣＡサイクルを正しくまわす方法

事業を進める上での計画（Ｐｌａｎ）、実行（Ｄｏ）、評価（Ｃｈｅｃｋ）、改善（Ａｃｔ）を継続的にまわしていくことを、ＰＤＣＡサイクルと呼びます。このサイクルが思うようにまわらない原因は、はっきりしています。

１７８ページ上をご覧ください。５月末の決算には翌月の予算を５０００万と立てて（Ｐ／計画）、６月は予算達成に向けて営業活動をします（Ｄ／実行）。６月末決算で未達成でマイナス計上に。それでも次の７月のための計画を立てて（Ｐ）実行（Ｄ）してまたマイナス計上。

なぜだと思いますか？　いつまでたってもＰ（計画）Ｄ（実行）Ｐ（計画）Ｄ（実行）の繰り返しで、問題は解決しないままだからです。

では、下をご覧ください。締切日を月末にしないで1週間前倒しにします。たとえば、5月22日に決算し、翌月のＰ（計画）を立てる。すると25日から予算達成に向けて営業活動し（Ｄ／実行）、翌月6月26日に予算が達成できませんでした（Ｃ／

評価）。しかし、その段階で、何が問題だったから達成できなかったかを洗い出し、解決策を練ります（A／改善）。

その後、翌月に向けて6月29日に翌月の目標を立てて（P／計画）営業活動を始めます（D／実行）。

そうすることで、PDCAをよどみなくまわしていくことができ予算達成ができます。

上のサイクルと比べ、下のサイクルはC（評価）とA（改善）が機能していることがわかります。

具体的に**CとAを機能させるためには、まず、最も達成率の悪い営業マンが誰なのか見つけ、その営業マンを指導**します。

179ページの『某社営業部の7月の予算達成率』をご覧ください。営業マン①から⑥までいますが、⑥の営業マンは達成率25％と最下位です。ここに一番問題があるので、営業の仕事の本質に戻って確認します。

そのとき、『3W1H』で分析をするとできない理由が解明されていきます。

What（何が）問題か？「約定が1件のみ。達成には4件の約定が必要」とわかってくるので、次にWhere（どこに）問題箇所があるか？を掘り下げます。すると、面談件数が10件少ないことがわかります。この営業マンは1ヵ月に40件は面談をしなければいけないのです。次にWhy（なぜ）問題か？クロージング率が10％だから。では、どうやって解決していくか？How（どうやって）。逆算していくと、800件の対象リストが必要だとわかります。

目標数字を達成できない場合は、原因は何なのか？を検証して改善しないと、いつまでたっても同じことの繰り返しです。

確実に数字につなげる「PDCA」のまわし方

多くの会社は、PDCAの「PとD」しか実行していないため、問題解決に至らない

5／30(土) (月決算)	6／1(月)～	6／30(火) (決算)	7／1(水)	7／31(金) (決算)	…
5月達成額 4300万円 →6月予算 5000万円	6月予算達成に向けて営業活動	達成額 4500万円 (▲) →7月予算 5500万円	営業活動	達成額 4300万円 (▲) →8月予算 5800万円	
P(計画)	D(実行)	P	D	P	…

C(評価)とA(改善)に行く時間がないため再びPへ

再びPへ。このままではPDの無限の繰り返し!

→永遠に予算達成できない!

締日を1週間前倒しにすれば、「CとA」に取り掛かる時間が取れる

5／22(金) (月決算)	5／25(月)～	6／26(金) (決算)	6／29(月)～	7／24(金) (決算)	…
5月達成額 4300万円 →6月予算 5000万円	6月予算達成に向けて営業活動	達成額 4500万円 (▲)	6月の問題点をチェック、修正。 予算 5000万円 →営業活動	**6月達成額 5500万円**	
P(計画)	D(実行)	C(評価)	A(改善)	P D C A	…

問題点がわかり、解決へと向かう

→PDCAをまわし、予算達成!!

一番達成率の悪い部分を改善して問題解決

【例】某社営業部の7月の予算達成率

営業マン①	120%
営業マン②	110%
営業マン③	90%
営業マン④	75%
営業マン⑤	50%
営業マン⑥	25%

一番成績の悪い営業マンの業務プロセスを可視化、徹底的に「3W1H分析」する

3W1H分析の例

- What（何が）問題？…………約定が1件のみ。達成には4件の約定が必須
- Where（どこに）問題箇所？・面談件数が10件と少ない。1ヵ月に40件面談が必要
- Why（なぜ）原因？…………クロージング率が10%だから
- How（どうやって）解決？…まずは800件の対象リストが必須

絶対に成功する事業計画の作り方

私は、野村證券からKOBE証券に移るときに3ヵ月間、『ファーストヴィレッジ』をつくるときも3ヵ月間、ほかのことは何もせずに部屋にこもって会社の事業計画書を作りました。その際、部屋の壁に『コストのこと』『人事のこと』『契約書のこと』などを大きな封筒に書いて貼っておきました。そこに関連資料をどんどん入れて頭の中を整理しながら進めていったものです。

やるからには99％成功するものを作らねばならないと思いました。

そういえば、野村の大宮西口支店でも、大森支店でも立て直しの際は、『野村證券代表取締役支店長』と揶揄されたくらい、野村證券の社長になった気持ちで仕事の計画書を作ったものです。

リーダーになったら、必ず全体のトップになったつもりで進むべき道を明確に示さねばなりません。

183ページをご覧ください。まず、「①目的レベル」「②戦略レベル」「③実践レベル」「④

評価レベル」の『4つのレベル』にブレークダウンしていくことで事業計画は具体化できます。具体的な内容は、『ファーストヴィレッジ』を事例として挙げてみます。

「①**目的レベル**」では、会社が目指す位置、ベクトルを明確にします。

『A．基本理念』事業運営の最も基本的な考え方、方向性を明文化します。

1．三方よし。 2．正しい倫理観を持つ。

3．社会的責任を果たす。

『B．ビジョン』基本理念に基づき、長期的展望を踏まえた特定期限におけるあるべき企業状況です。

1．オーナー経営者企業の持つ「自慢の商品サービス」の営業を支援する。

2．オーナー経営者の抱える経営的・個人的課題の解決策を提供する。

3．成功者への「称賛の文化」の創造をより具体的な形にするビジネスを立ち上げる。

『C．基本目標』基本理念に基づくビジョンを具体化するために、達成すべき数値、効率、事業、人的目標などの設定をします。

「②**戦略レベル**」では、目標を達成するための手立て、方策を長期的、短期的に設定して明文化します。個別の機能要素も運営要素として落とし込んでいきます。

「**③実践レベル**」では、個別戦略に基づいて、具体的に日常業務において実践、実行していくべきことを明らかにし、手法指針として明文化します。

「**④評価レベル**」では、課題を抽出し、分析して評価をしていきます。評価された諸項目に基づいて、実践レベルの見直しを図り、フィードバックとして順次基本に立ち戻って見直しをしていきます。

事業計画書は売り上げを達成するため、事業を推進するための羅針盤です。羅針盤は営業活動の方向性を示すものでもあり、それなくしては日々の営業をこなしていくことはできません。

本書の実例からもわかるように、売り上げを伸ばすためのきわめて具体的な計画に落としていかないと意味がありません。

目標があれば、この目標を達成するために何が必要かを考えて行動するようになります。期限を切って、必ず実現させるという強い信念で目標に立ち向かうことが人や企業を飛躍的に成長させるのです。

もっとも、どんなに精巧に作った計画でも、その通りにいくとは限りません。実際にやり始めて、計画がうまくいかなかったときは、どんなに時間をかけて作った事業計画であっても変更していく柔軟性も持つべきです。

まず「4つのレベル」にブレークダウンすることで事業計画は具体化していく

①目的レベル

②戦略レベル

③実践レベル

④評価レベル

●●社　●●事業計画書

A. 基本理念　○○○○○○
→事業運営の最も基本的な考え方、方向性を明文化

B. ビジョン　○○○○○
→基本理念に基づき、長期的展望を踏まえた特定期限におけるあるべき企業状況

C. 基本目標
→基本理念に基づくビジョンを具体化するために、達成すべき数値、効率、事業、人的目標などの設定

D. 基本戦略
→企業として行うべき手立て、方策を明文化

E. 個別戦略
→個々にはどのような方策を持つか明文化

F. 施策
→日常業務の役割分担などを明示

G. 日常業務における、運用・適用
→日常の教育活動や目標、戦略の再認識

H. 課題抽出・分析・評価
→人事評価、業務評価などの問題点について分析

I. 方針に連動したフィードバック
→評価された項目について見直しを図る

第五章【ラックマネジメント編】

最後に勝つのは、「運」をコントロールできる人

「棚ボタ」で成功した人は必ず脱落する

証券マンは『リスクマネジメント』が大切な仕事の一つです。常に「資産は分散してください」「グローバルアセットアロケーションの考え方で」とか、「一点買いしないで、いろいろと銘柄を変えて」とお客様に資産運用上のリスクコントロールについてアドバイスします。

『リスクマネジメント』を重要視して考える人は多いものですが、私は「なぜラックマネジメントを大切にしないのか？」と不思議に思うのです。

時代に乗って成功したかに見えた経営者が、あれよあれよという間に燃料をからして墜落していくことはよくあります。

逆に長期にわたって活躍しているリーダーや、強いリーダーもいる。彼らは、例外なく運が強いのです。

それはたまたまではなく、彼らが運を大事にしているからではないでしょうか。

たまたま運がよかっただけのリーダーは続いていかないけれど、ずっと続いている人は『ラックマネジメント』ができています。言い方を換えると、強いリーダーは「運を高い位置でキープしている人」。運を管理し、運が下降しないようにきちんとマネジメントできる人のことなのです。

では、どうしたらいいのか。

まず、**運が悪くなる予兆を見逃さないことなのです。**

運に注目していると、事故やけがなど運が悪くなる予兆がわかります。予兆の段階で気づいて、**一度立ち止まり、自らを省みていくのが『ラックマネジメント』です。**

成功したとたん、高級外車をズラリと並べたり、これみよがしにぎんぎらの腕時計をはめだしたり、奥さんまで変える人がいます。きっと、周りはイエスマンばかりになり、自分を律することもできなくなるので落ちていくのでしょう。

悪いことが起こったら神社を訪れる

たとえば、社員が事故を起こしたとしましょう。「なぜ車をこすってしまったのか」「慌てていたのならなぜ慌てていたのか」。理由をしっかり追及します。「次のアポに遅れそうだったから」、というのが理由であれば「時間管理に問題があったのではないか」と原因がつきとめられます。

それをそのままに放置すればもっと後に、人に会っていて「お客様とのアポをすっぽかしたり」「納期に間にあわなかったり」、大きな問題を引き起こしていたかもしれません。そうなったら信用問題でいよいよお客様に切られてしまいます。

私はそんなふうに自らを省みて、社員に対しても反省させて、一緒に神社にお参りに行くのです。

そして神社の前で「これこれこういうことが起きました。それはたぶん、こういうことが原因だと思います。以後気をつけますので、神様、よろしくお願いいたします」、と頭を下げる。

要するに仕切り直すのです。この動作が運を変えていくように。別に神社でなくてもよいのですが、こういった行動を習慣にし、自分たちの気持ちを引き締めれば、運を切り替えるきっかけにもなります。

自分の悪いところを直して、一生懸命努力をすれば、運は必ず反転してきます。

「アイツ、ついてるな」と嫉妬する暇があったら、もっと努力すべき。ツイているように見える人は、ツキがあるように見せていて、実はその裏で人知れず相当の努力をしているものです。その努力こそが周囲の応援を呼び、運を引き寄せています。

努力が運の正体だと知るべき。そうすれば周囲や環境のせいにして、文句ばかり言っている悪循環からきっと抜け出せます。

なぜ晴れた日には上客がいないのか

「台風、雪の日、天気が悪い日こそ大物に出会える」と教えてくれた野村の先輩がいました。それはなぜか。今日は天気がよくて気持ちがいいな、という日は誰でも外交に行きたくなりますが、そういう日はお客様だって気分がいいのでゴルフに行っていたり、外に出かけているものです。

晴れた日にお客様はいません。ですから、野村證券の仙台支店にいた頃、私は**あえて天気の悪い日に上得意のお客様のところをまわっていたもの**です。

こんなことがありました。

仙台支店の課長が、大雪の降る月末に「10億円、中期国債ファンドの数字が足りない。市村、○○に行ってこい」と。

これを取ってこれるのは新人の市村しかいないと思ったのでしょう。

私は、とっくに自分のノルマを果たしていたので、「なぜ僕なんだ……」と思いましたが「わかりました」と返事をし、出掛ける用意をしました。

すると課長が、

「おまえ、傘ささないで長靴はいて行けよ」と。

夜中の12時。○○を訪ねるとまだ経理部長が仕事をしていました。

「どうしたの、市村さん、雪の中傘もささずに」

雪だるまになっている私に驚いて、中へ入れてくれると同時に、私は息急き切って、「○○部長、中期国債ファンドが10億円足りないのです」。

足りないことと、その会社とは何の関係もないのですが、その熱血ぶりに圧倒されたのか、新人の私を可哀想にと思ったのかわかりませんが、運よく10億円の注文を出してくれました。

証券マンや銀行マンというのは、ときに、明日が月末でノルマが達成できていない、となれば長年お付き合いのあるお客様のところに出向くことがあります。これは、長い信頼関係がないと難しいことではありますが、これまでお客様のために役立つことを尽くしてきていたら、一度くらいのお願いは聞いてくれることもあります。

その後、報告のために雪の中会社に帰りました。

もちろん、課長にご馳走になったのは言うまでもありません。仙台でも高級な寿司店で、普段はイカとかタコしか頼めなかったのに、うにやいくら、大トロをお腹いっぱい食べさせてもらいました。

凡人と同じことをしていたら凡人と同じかそれ以下の結果しか上げられません。強運を引き寄せようと思うなら、他の人が休んでいるときに仕事をするしかありません。

朝時間の徹底活用で、『運』を管理していく

私は社会人になって33年、毎朝4時半起床です。56歳になった今年は、さらに早く4時くらいには目が覚めるようになりましたので、我が家の目覚まし時計は鳴ることがありません（笑）。

私の1日は、朝5時前の半身浴からスタートします。バスタブで、ゆっくりつかって15分間瞑想し、呼吸を整えます。このときにアイディアが浮かんでくることが多いので、メモ魔の私はすぐにメモできるようにバスルームにもメモ用紙を置いておきます。

6時出社までには日経新聞に目を通しておき、7時までに社員全員の前日の営業

報告書と本日の予定に目を通し、コメントを入れ、今日やるべき業務連絡を事細かに書き終える。7時半から45分までは幹部ミーティングでそれぞれの部のリーダーと今日やることを詰め、8時には全社員朝礼に参加。

大変ではありますが、この、**毎日同じ時間に同じことを繰り返していくことこそ、運を管理していくこと**だと思うのです。

もし、これで仮に悪いことが起きても、「こんなに早くから起きて全力でやっているのだ。これでダメだったら、誰がやってもダメに違いない。だから仕方がなかったんだ」と自分自身を納得させられます。

前日が接待や出張で、どんなに遅く帰宅しても、また二日酔いで頭がガンガンしようとも、翌日は這ってでも会社に行って、6時には着いて業務連絡の筆を走らせています。

当社の社員が無駄なく質の高い1日を過ごせるよう、朝のミーティングを有効活用するのはリーダーの役目です。

ですから、重要な伝達は朝に集中して行います。私は夜の打ち合わせは一切せず、夕方6時を過ぎたら会社にはいません。

とにかく、この生活のリズムを狂わせないことなのです。運が悪い人は、自分の生活リズムを変えてしまう人です。日によって遅く起きたり、早く起きてみたり、そのような人はスケジュールさえも自分で管理できていないのだから運を管理できるわけがありません。

よく、「市村さんって、もしかして双子じゃないの？」と言われますが、一体いつ寝ているのだろうと思われるからでしょう。

睡眠が短かろうが、リセット時間を設けて、自分の身体にリズムをつけていくことで元気に朝を迎えられるから不思議です。

人間は、少しでも気を抜くと下に行ってしまうもの。コツコツと積み重ねて凡事徹底をやり続けることがラックマネジメントになってきます。一生のうちに使える時間は限られていることを常に意識していきましょう。

否定的な言葉は極力使わない

同僚や、仲間内と話すときはネガティブな言葉を使わないようにしましょう。

よく、新橋あたりで日本酒をなめながら、「今度の人事どう思う?」などと愚痴を言い合って焼き鳥を食べているサラリーマンがいますが、そのようなことをしていても1ミリも成長しません。

2人以上でつるんで飲んでいても、傷のなめ合いでしかありません。運が下がってつらいときこそ、安酒は飲まないで、さっさと家に帰るほうがどれだけ精神的にいいかわかりません。

ネガティブな人より運のいい人と一緒に過ごす

営業成績が落ちてくると、不安になり行動力も鈍くなってくるので要注意。

前述したように、そのようなときは、運が下降する予兆をとらえて神社に行ったり、仕切り直すのもいいですが、運のいい人やツイている人と一緒にいるのも手。運がいい人というのは、愚痴や文句を言いません。

ですから、皆に支えられてガッと上昇気流に乗ります。それは、その人が誰にでも役立つ行いをしてきたから、皆が応援してくれるのです。

もし、そういう人が身近にいたら、ついていけば自分の運気も上がっていきます。

運が悪い人はその逆。状況が悪いにもかかわらずそこに安住しようとしている。こちらがチャンスを与えてもつかもうとせず、努力もしません。

サボるときは思い切り一人でサボる

高次元で結果を出し続ける営業マンは、オンとオフの切り替えが上手です。ですから、仕事中には遊びのことは一切考えないし、休み時に仕事のことを考えたりしません。やるときは集中して本気で取りかかるから、適度な休息や休養は必要になってきます。

逆に、なかなか成果が出ない営業マンは、仕事をしているのか仕事をしていないのか、いつもパワーの置きどころがあいまいなのです。

よく、こんな営業マンがいます。

「個室の漫画喫茶で、一眠りすることはエネルギー充電」「同僚と居酒屋で、戦略会議と称して上司の悪口の言い合いをしないと」などと堂々と言ってのけていますが困ったものです。

これらは、仕事とは呼べません。

野村證券仙台支店にいたとき、私はつらいことがあると、外交の車に乗ってよく一人で海に向かったものです。パンツ一丁になって堤防の上に寝転がって、目の前に広がる大きな海を見ながら、自分の思考を整理するのです。「向き不向きより前向きだろうか」などと自問してみます。

そうして1~2時間いっぱい日を浴びたら結構元気を取り戻せ、人間の悩みなんか宇宙から見たらちっぽけすぎるな、と気がつくのです。

「しょせん平時の闘い、死ぬわけじゃないんだから」と、気分は回復し、午後からは気持ちを入れ替えて営業に行くことができました。

こんなふうに私は壁にぶつかったり、つらいことに直面したときに他人と愚痴を言い合ったり慰め合うのではなく、自分一人でサボって解決してきました。

この一人でサボる、つるんで愚痴を言い合わないというのはラックマネジメントで非常に大切なことだと思います。

2人以上でサボれば、どうしても愚痴や悪口が出てしまいますし、自分は言わないようにしていても、相手が言うので、マイナスのよどんだ空気に巻き込まれてしまう。そんなことないよ、と否定するのにも疲れてしまいます。

その代わり、私は**社外で自分の仕事上で参考になる人の話を聞きに行ったり、この人から学びたいという人がいれば積極的に飲みに行っていました。**

上手に息抜きすることが、高いパフォーマンスを維持していくためには大切なことです。

サボるなとは言いません。ですが、現実逃避はダメです。息抜きはあくまで闘う準備のための休息です。

人生の修羅場は、次のステージに行くためのステップである

私も長きにわたる仕事人生においてさまざまな修羅場をくぐってきましたが、一つの大きな節目になる出来事を、KOBE証券の社長時代に経験しました。

野村からKOBE証券にスカウトされた私は、1999年4月に専務、そして2002年4月に社長就任。2006年、預かり資産280億円の弱小証券会社を1兆4400億円の預かり資産のある証券会社に成長させ、上場させることに成功したのです。ちなみに、1兆4400億円という預かり資産は、営業マン一人当たりでは、当時の野村證券を超えています。新聞各紙でも『野村を超えるKOBE下克上』なんていうタイトルで話題になったものです。

KOBE証券は主幹事として多くの上場にかかわっていましたが、2004年にある新興企業を上場させた際、上場1ヵ月後にその会社が重大な問題を隠していたことが発覚しました。上場の主幹事であったKOBE証券にも、金融庁をはじめ関

係団体から、このことを知っていながら上場させたのではないかという疑いがかけられ、社長の私も証券取引委員会に拘束されました。ほどなく疑いは晴れましたが、ここで金融庁とＫＯＢＥ証券の間には微妙なしがらみができたといえます。

その後、２００５年に、若手社員がＫＯＢＥ証券の大口顧客になってくれていた私の親族関係者に新規公開株を配分していたことが社内検査で上がってきました。証券業協会ルールでは「二親等以内の親族に新規公開株を配分してはいけない」という規定がありました。しかし私は当時、毎日大量に上がってくる外交面談に忙殺されて、よく確認しないまま社員が上げてきた新規公開株配分一覧の稟議書に判を押してしまっていたのです。しかし違反は違反ですから、発覚時点でこちらから金融庁に自主的に報告しました。調査に来た金融庁側は、私が親族の口座を借名口座として利用し、私腹を肥やしていたのではという疑いをかけていたのですが、当然ながらそんな事実はまったくありませんでした。結果、私の報酬を３ヵ月間20％カットするという処分で、この件は収めたはずでした。

ところが、KOBE証券上場直後に、金融庁がこの一件を蒸し返してきました。新規公開株配分についての内部管理体制不備で、「3〜6ヵ月の引受業務停止」、または「代表取締役辞任」の二者択一を迫ってきたのです。そもそも、私は上場という目標のためにKOBE証券に引き抜かれたのです。ここで上場後すぐに業務停止処分になれば、これまで手掛けてきた主幹事としての役割を完遂できなくなる。だからこそ、金融庁側は、私が何らかの反論をしてくるだろうと思っていたようですが、私はあっさり責任を取って辞任することを伝えました。金融庁側は拍子抜けしていました。しかし、KOBE証券には私が8年間手塩にかけて育ててきた後進がおり、彼らに経営のバトンを譲ることを決めたのです。肩書は役割でしかあらず、呼称でしかないのです。権威主義の役所と争っても時間の無駄です。

もともと一度しかない人生、いつか起業したいと思っていました。辞めても自分でゼロから一をつくり、やっていく自信があったので、あっさり受け入れたのです。

翌年、今までお世話になってきた方々のために役立つ会社をつくっていこうと、『ファーストヴィレッジ』を立ち上げました。結果、多くの人から支援を受けることができ、現在、8期連続増収増益を達成しています。

ミスであっても責任はきっちり取って、未来への教訓にする。逃げずに乗り越えたから今の私がいるのです。リーダーとして上に行けば行くほど、さまざまな壁が立ちはだかってくるものですが、しかしそこから逃げたり、ごまかしたりしてもまたどこかで同じことが起こる。逆にあえて覚悟を決め自らを修羅場におけば、その後、大きな運が巡ってきてさらなる高みに行けるものです。

初任給で大切な人にプレゼントをしてみる

大学時代には、スキーツアーのビジネスが大当たりして1億円も稼いでいた私ですが、野村に入って最初に手にした給料は15万円。そこから社会保障費と、寮費と食費を引かれて残り7万円。その7万から昼メシを食べたりデート資金を捻出せねばなりませんでした。

お金を稼ぐということはなんと大変なことかとしみじみ実感したものです。学生時代の1億円なんてただのあぶく銭、この7万円のほうがはるかに価値があると思いました。そのとき初めて、自分を養ってくれた両親に感謝できました。

大森支店長になったとき、両親を支店長室に連れていったらとても喜びました。母は、涙を流して喜び、「こんな立派な会社の支店長になったなんて、おまえもたいしたもんだ。やっぱり私が産んだ子だ」と。それを見て、さらに頑張ろうと思ったものです。

自分も人の子の親となり、自分の親のありがたみ、無償の愛を知りました。

自分の親もその両親も、自分の内にいます。自分の親を大切にする人は、間違いなく、お客様を大事にすることを私は実体験から知っています。

ですから、私は新人社員にこう必ず伝えるのです。

「**初めての給料をもらったら、必ず大切な人のもとに恩返しの品を買って帰省せよ**」と。両親の前に正座して、照れ臭いかもしれないが、挨拶したらいいと新人に助言するのです。

最近は親孝行どころか、子どもが親を殺し、親が子どもを虐待したりして、親子関係が崩壊しつつあります。親子関係は人間関係の根幹中の根幹であり、人間関係の構築能力は仕事をする上で最も重要なファクターです。

親子関係がうまくいかない理由は、親は子に、子は親に対する尊敬や感謝の念が薄らいでいるからです。

私は、親に対する感謝の気持ちを育てることが、人を育成する基本だと思っています。親は子どもを真っ当な人間（大人）にするために、必死に働き、厳しく、そして深い慈愛を持って育てます。そうして育てられた子は、少々の苦難にも耐えられる固い芯のようなものを持っています。

私たちの仕事は、社会から受ける多くの恩恵に報いる行為です。最大の恩恵をくれたのは両親です。両親に感謝の気持ちを持って、楽をせず、一生懸命に働く人たちの会社が日本にできたら、きっと素晴らしい国になると思っています。

初めてもらった給料は自分のものではないのです。自分を社会人にまで育ててくれた親のもの。その気持ちとして初任給でプレゼントする。

今のあなたをつくってくれた大事な人たちにぜひありがとうの気持ちを伝えてみてください。そうすれば、ますますやる気が湧いてくるはずです。

家族と社員を大切にすれば、勝利の女神がほほ笑む

あなたは、「働く意味」を考えたことがありますか？

私はこう思っています。まず、大きくは社会のためです。会社を発展させてその利益から税金を払い、雇用も創出する。それが企業を経営するオーナー経営者の使命です。

ですが、私はもう一つ、働く意味は、自分を産んでくれた親のためだと思っています。もちろん、結婚して子どもができたら子どものために一生懸命働くのです。

よちよち歩きだった子どもたちが病気や事故に遭わないように、危険にさらされないようにするのは親の役目。また、親として子どもに必要な教育を受けさせることも仕事へのモチベーションにつながっていました。どこにいても子どものことを思っているのが親であり、親の愛情と将来の希望をたくさんもらって子どもは成長していきます。子どもが親になった際には、支えられるように努力していかねばな

りません。

幸か不幸か、親として、「最低限こういう教育をしてあげたい」と思ってもできないことがあります。うちの両親も貧しい時代に生きたので大学に行きたくとも行けませんでした。

ですから、きちんと教育を受けられただけでも自分に自信を持たないといけないと言いたいです。

自分を育ててくれた両親は守護神。いつも、子どもたちを気にかけ、心配してくれるありがたい存在です。もっと言えば、私が今ここに存在しているのは親をはじめ、永遠にさかのぼる先祖があり命のリレーがあったからです。

ならば、先祖の代表として恥じないように一生懸命働くのが当たり前です。

私が思うに、仕事がうまくいっている人は家族を大切に思っている人、というのを感じています。その人の言葉の端々や、決断してきたさまざまなバックボーンを知るにつけそう思わずにはいられません。彼らの話を聞いているとどこか家族思いであるということがにじみ出ているのです。**人の集合は夫婦や家族が最小ユニットです。自分の最小ユニットが維持できなかったら組織なんて維持できません。**

さらに、経営者は社員と社員の家族を守る義務があります。社員を守るためには常に安定した仕事の供給と給料を届けてあげなければなりません。社員が結婚し、子どもが産まれ、家族が増えると、経営者が守るべきものも増えていきます。そのために全力で会社づくりの体制に取り組んでいくのです。

そのように、精神的な軸をしっかり持ち、日頃から高い意識を醸成していれば、きっと誰にでも幸運の女神がほほ笑むに違いありません。私自身もそうありたいと願っています。

明日、あなたへの出資者を10人集められるか？

あなたには、今すぐに電話をして、頼みごとを聞いてくれる人が何人いますか？

ＫＯＢＥ証券にいた頃から、「こういう会社をつくったのですが出資してくれませんか」「こんな事業を始めるのですが資金が足りないので出資してください」という人がいましたが、そんなとき、私は必ずこう言います。

「まず、あなたのことを信用してくれる人10人からお金を集めてきてください。10人の信用もないくらいだったら、うちの会社はお手伝いできません」

と。10人の出資者というのはかなり厳しい数字です。実際、私のところに来る9割以上の人は達成できません。ですが、10人を集められないようでは、ビジネスは成功しないでしょう。

人脈というのは、一朝一夕で築き上がるものではありません。金融資産なら懸命に働けばそこそこはためることができても、人脈は自分という人間性を高めていなければ蓄積することができないのです。

そう考えると、お金持ちより、『人持ち』であるかどうかが、人間の価値を示すものさしともいえます。

結果的には人持ちにはお金もついてくるのです。なぜなら、人持ちはすべて自分でやらなくてもいいからです。**10の事柄のうち、自分は1か2だけやり、残りの8は人持ちの中の人脈から解決できる人を見つければいい**からです。

すると自分には8の余裕ができるので、また別なことができます。世の中の多くの成功者は、こうやって会社を大きくしていきます。

人持ちになることで、自分の可能性やビジネスの幅を広げることができ、その結果がお金にもつながると言っていいでしょう。

自分のことで恐縮ですが、何か困ったとき、私は3000人の経営者の方にすぐ会うことができます。また、弊社には延べ38000人が参加する経営者倶楽部という組織もあり、その中にはビジネスパートナーとして動いてくれる人もいます。

野村證券にいた16年間、その後KOBE証券に移って8年、そしてファーストヴィレッジで9年間、33年間で何を大切にしてきたか。ひたすら人間関係を大切にして不義理をしないように裏切らないように誠実に対応してきたと言っていいでしょう。私は、出会った人を自分から裏切るということは絶対にしない。

なぜか。**人は「運」をつれてやってくる神様だから**です。常に「なぜ、この人と出会ったのかな」、と考えるようにすれば、出会った人はすべてあなたと何かを実現させるために出会っているのです。

人を取り巻く環境はどんどん変わっていきます。ですが、そのたびに人間関係が切れていたらいつまでたっても人持ちにはなれません。人との関係性は長い年月をかけてつくるものです。だからこそ、信頼が築かれ、熟成されていくのですから、相手が自分にとって役立つときだけ関係をつくるのではなくて、たとえ直接関係がなくなっても、細く、長く、関係を続けていった人だけが人持ちになれます。

そのためにも、第三章で述べたように、自分が元気なことを知らせ、相手からもいただくことができる年賀状は、格好のツールなのです。

今や、ソーシャルメディアだけで自分の様子や相手の方法を知るというのが主流になっています。ソーシャルメディア上で「友達が何千人」なんていう人がいますが、そんな関係性だけなら、『人持ち』だなんていえませんよ。

※文中に出てくる著者以外の名前はすべて仮名です。

おわりに

「売れない時代に俺は売る」――。

こんな特集で、私が1995年野村證券大宮西口支店に着任後、『プレジデント』誌が取材に来てくれました。小見出しは「データ武装した野村證券の新営業法、効力はいかに」。今から21年前のことでした。

この年はバブル崩壊後で経済は冷え切り、さらに阪神大震災があり、まさにタイトルの通り、「モノが売れない」時代。けれど、本書で書いたように、そんな環境下でビリ支店だった大宮西口支店は、確たるデータに基づいて、一人ひとりがやるべきことをきっちりこなすことで、みるみるトップに躍り出ました。

「お客様の気持ちを理解して、お客様からいただいた指示をこなす」

これまで何度も説明したように、営業とは結局、こんなシンプルな仕事です。私はどんな仕事においても、長きにわたって成功するポイントはここにあると思っています。正しいやり方で努力すれば必ず収益は上がる。そして収益が上がることで営業や組織が自信を持つことができ、それぞれの人生もポジティブな方向に開いていきます。

ビリ支店のメンバーたちも、「自分たちの正しい努力が他の人よりも多ければ、相対的にこのメンバーは全社で上位になり、その後も優位性を保つ」ということを身をもって体験し、全員が仕事にやりがいを見出し、ハッピーになっていきました。

証券だろうが、広告だろうが、飲食だろうが、ターゲットとして抱えているお客様の悩みを自社のサービス商材で解決して収益を上げていくのは同じです。お客様と悩み抜いたビジネスの中に答えはある。

営業とはノルマや目標数字をひたすら追いかけるのではなく、まずはお客様に喜んでもらい、その結果を数字として積み上げていく非常にやりがいのある仕事です。そうでないと長続きはしません。

私がもし、成功し続けてきた理由があるとしたら、この考え方が、野村の新人時代以来、1ミリのぶれもないということかもしれません。

お客様のことを事前に調べ、お客様の話をとことん聞き、お客様が欲しい商品を提案する。接待のときも詳細を記録し、お客様が何が好きかすべてデータ化しておく。そして結果として、喜んでもらう。これを毎日こなしていけば、必ず収益は上がっていきます。

言い方を換えれば、途中で投げ出さないでやるべきことをやりさえすれば、誰だってトップ営業マンになれるのです。私は30年以上、この方法で数字を上げ続け、充実した仕事人生を歩んできました。一度も、自分の売りたい商品を無理やりお客様に押しつけた経験はありません。

21年ぶりに、プレジデント社から出すことになった本書ではその方法論を余すところなく、お伝えしました。

今はリーマンショック後、アベノミクスとともに、長きにわたって続いた円高トレンドが、円安へと変わってきています。

これから成功したい営業マンは、こういったマーケットを読んでいかねばなりません。野村総合研究所の最新データによると、日本における世帯金融資産5億円以上の超富裕層は0・1%で1000軒に1軒。1～5億円の富裕層になると1・8%で100世帯に2軒です。たとえば、このデータから、2020年オリンピックの前後、日本がどんな社会になっているか、そしてそこでお客様が本当に求めるものは何か――。それを想定しておくことができれば、勝者になれるはず。

私も、そんなことを念頭に、まだまだ皆様と一緒に「本籍も現住所も営業」の営業マンを続けながら、このグローバルな闘いで生き残る日本企業を応援していきたいと思います。ぜひ、営業という素敵な仕事を通じて、達成感と幸福感のある人生を送っていきましょう。

本書の執筆と出版に当たり、全体の企画・構成などに数多くの労をお取りいただいたプレジデント社『プレジデント』の木下明子副編集長、並びにライターの高谷治美さん、私の秘書の濵﨑美香さん・菅原香織さん・飯田郁子さんに心より感謝申し上げます。

2015年11月

市村洋文

著者プロフィール

市村洋文（いちむら ひろふみ）

1959年北海道生まれ。立教大学社会学部に入学。大学時代に流行の先を読み、学生向けスキーツアーを企画しビジネス化に成功。大学時代の売上60億円。83年卒業後、野村證券に入社し、30歳で月に600億円の売り上げを上げる証券マンに成長する。野村における最年少記録を樹立。37歳で野村證券の最年少支店長となる。野村において営業マン2万名の教育指導者となり、「野村證券 伝説の営業マン」と呼ばれるようになる。

39歳のとき、野村證券からKOBE証券(現インヴァスト証券)へヘッドハンティングされ、当時最年少での総合証券社長として活躍。280億円の預かり資産を1兆4400億円に増やし、2006年に、KOBE証券を上場させることに成功。上場時価総額400億円をつくり、47歳でKOBE証券グループの社員数2500名の上場会社組織をつくり上げる。2007年、48歳で日本最大のビジネスマッチング・顧客紹介を行う企業をつくるべくファーストヴィレッジ株式会社を設立。38000名の経営者のネットワークをつくり上げる。著書には『昼メシは座って食べるな！』(サンマーク出版)、『ツメが甘い』(KKベストセラーズ)等がある。

1億稼ぐ
営業の強化書

2015年11月19日　第1刷発行
2021年10月26日　第7刷発行

著者	市村洋文
発行者	長坂嘉昭
発行所	株式会社プレジデント社 〒102-8641　東京都千代田区平河町2-16-1 平河町森タワー13階 編集(03)3237-3737　販売(03)3237-3731 https://www.president.co.jp/
撮影	田中宏幸
編集協力	高谷治美
編集	木下明子
制作	田原英明
装丁・本デザイン	矢﨑 進・根岸良介(yahhos)
印刷・製本	株式会社ダイヤモンド・グラフィック社

ISBN 978-4-8334-5081-2
Printed in Japan